PROFIL D'UNE ŒUVRE
Collection dirigée par Georges Décote

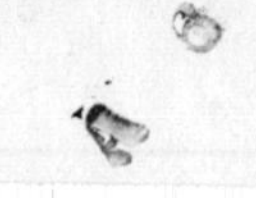

THÉRÈSE DESQUEYROUX

MAURIAC

Analyse critique

par Maurice MAUCUER

agrégé des lettres
professeur de Lettres supérieures
au lycée Louis-Le-Grand

HATIER

DU MÊME AUTEUR

• GIDE *L'indécision passionnée.*
(Éditions du Centurion, Paris 1969)
Prix Francis Chevassu 1969

ISBN 2 - 218 - **00448** - 8

Sommaire

Note : Toutes les références renvoient au « Livre de Poche ».

L'un des meilleurs romans du demi-siècle

1

IMPORTANCE DE « THÉRÈSE DESQUEYROUX »

Le 26 mai 1950, un jury placé sous la présidence d'honneur de Madame Colette désignait *Thérèse Desqueyroux* comme l'un des « douze meilleurs romans du demi-siècle ». Sur la liste des ouvrages couronnés, le roman de Mauriac figurait, selon l'ordre chronologique, à la huitième place, après *Fermina Marquez* (Valéry Larbaud), *Les Dieux ont soif* (Anatole France), *La Colline inspirée* (Barrès), *Un amour de Swann* (Proust), *Confession de minuit* (Duhamel), *Silbermann* (Jacques de Lacretelle), *Les Faux-Monnayeurs* (Gide), et avant *La Condition humaine* (Malraux), *Journal d'un curé de campagne* (Bernanos), *La Nausée* (Sartre), *La Douceur de la vie* (Jules Romains).

La qualité du roman - fermeté de l'écriture, sobriété et densité alliées à un étonnant pouvoir de suggestion - justifiait ce choix. On peut penser que le jury avait également apprécié en *Thérèse Desqueyroux* la peinture vigoureuse d'un certain milieu provincial, et l'évocation poétique d'un pays « secret et triste », à la fois monotone et violent.

L'importance et la séduction du roman tiennent à d'autres vertus encore. *Thérèse Desqueyroux* est pour l'essentiel l'histoire d'un crime, mais d'un crime dont les mobiles exacts échappent à celle même qui l'a commis. L'enquête intérieure menée par Thérèse, si elle éclaire le personnage, ne livre pas son secret; elle précise les données du problème sans parvenir à le résoudre. Ce qui aurait pu être le banal récit d'un fait divers, Mauriac en a fait une interrogation sur le mystère de nos actes. Écartant une psychologie superficielle qui imposerait à l'être une illusoire cohérence, il cherche au contraire la vérité de son personnage dans ses contradictions, dans ses inconséquences. Comme les héros « déroutants » de Dostoïevski, Thérèse ne connaît « aucune logique autre que cette logique de la vie qui du point de vue de notre raison est l'illogisme même » (Mauriac, *Le Roman*, chapitre VI). Elle est un « chaos vivant » *(ibid.)*, soumis au jeu de forces obscures.

Parmi ces forces figure le mal : « Il n'y a pas, hélas ! que le Royaume de Dieu qui soit au-dedans de nous » (*ibid.*, chapitre IX). Mais ce Royaume aussi est en nous. Mauriac a la conviction que le désordre de Thérèse tend à un ordre, qu'elle ignore et qu'elle attend, et que cet ordre en quoi Dieu résout notre chaos est son ultime vérité. Ce roman illustre donc la permanence de l'inspiration chrétienne dans la littérature contemporaine; et il en atteste la force : car *Thérèse Desqueyroux* n'est pas une œuvre naïvement édifiante, mais le témoignage d'une espérance que ne décourage pas la vision lucide de la misère de l'homme.

MAURIAC EN SON TEMPS

Vie et œuvre	Arts et lettres	Histoire
1885 11 Octobre : naissance de François Mauriac.	Zola : *Germinal*. Mallarmé : *Prose pour des Esseintes*.	
1886	Moréas : *Manifeste symboliste*. Nietzsche : *Par-delà le Bien et le Mal*.	
1887 Mort de son père Jean-Paul Mauriac	Antoine fonde le Théâtre libre.	
1889	Bergson : *Essai sur les données immédiates de la Conscience*.	
1892	Maeterlinck : *Pelléas et Mélisande*.	
1894		Guerre sino-japonaise. Premier procès et condamnation de Dreyfus.
1897 (-1903) Etudes chez les Marianites de Caudéran.	Barrès : *les Déracinés*. Gide : *les Nourritures Terrestres*.	

Vie et œuvre	Arts et lettres	Histoire
1898		Zola : *J'accuse.*
1899		Cassation de la condamnation de Dreyfus.
1900	Péguy fonde les Cahiers de la quinzaine. Freud : *l'Interprétation des rêves.*	
1902		Cabinet Combes.
1903 (-1906) Études au lycée, puis à la Faculté des Lettres de Bordeaux. Obtient sa licence. Fréquente le milieu des étudiants catholiques, et le Sillon.		
1904		Interdiction de l'enseignement aux congrégations.
1905		Séparation des Églises et de l'État.
1906 A Paris. Démissionne après son admission à l'École des Chartes.	**(-1936)** *Propos* d'Alain.	
1909 *Les Mains jointes*, poèmes.	Gide : *la Porte étroite.*	
1910 Article élogieux de Barrès (Écho de Paris, 21-3).	Claudel : *Cinq grandes Odes.* Péguy : *le Mystère de la Charité de Jeanne d'Arc.*	
1912	Claudel : *l'Annonce faite à Marie.*	Première guerre balkanique.
1913 Mariage avec Jeanne Lafon. *L'Enfant chargé de chaînes.*	Apollinaire : *Alcools.* Alain-Fournier : *le Grand Meaulnes.* Proust : *A la recherche du Temps perdu* (-1927).	
1914 *La Robe prétexte.* Naissance de son fils Claude. Mobilisé comme auxiliaire du service de santé.	Gide : *les Caves du Vatican.*	Attentat de Sarajevo. 3-8 : début de la guerre franco-allemande.
1915 En Champagne.		

Vie et œuvre	Arts et lettres	Histoire
1916 En Lorraine. Puis à Salonique dans l'armée d'Orient.	Freud : *Introduction à la Psychanalyse.* Kafka : *la Métamorphose* (trad. française en 1928).	Bataille de Verdun.
1917 Rapatrié pour paludisme.	Valéry : *La Jeune Parque.*	Les bolcheviks prennent le pouvoir en Russie.
1918	Tzara : *Manifeste Dada.*	11-11 : Armistice de Rethondes.
1919		Création du fascisme en Italie. Troisième Internationale.
1920 *La Chair et le Sang.*	Colette : *Chéri.* Pirandello : *Six personnages en quête d'auteur.*	Pacte de la S.D.N.
1921 *Préséances.*		
1922 *Le Baiser au Lépreux.*	Giraudoux : *Siegfried et le Limousin.* Valéry : *Charmes.* Martin du Gard : *les Thibault* (-1940). Joyce : *Ulysse.*	Arrivée au pouvoir de Mussolini.
1923 *Le Fleuve de Feu. Génitrix.*		Occupation de la Ruhr. Putsch de Hitler à Munich.
1924 *Le Mal.*	Breton : *Manifeste du Surréalisme.* Claudel : *le Soulier de Satin.*	Élections du Cartel des Gauches.
1925 *Le Désert de l'Amour* (Prix du Roman de l'Académie française 1926). *Orages,* poèmes.	Gide : *les Faux-Monnayeurs.*	Évacuation de la Ruhr.
1926	Bernanos : *Sous le soleil de Satan.* Éluard : *Capitale de la Douleur.*	
1927 Thérèse Desqueyroux.	Artaud : *le Pèse-Nerfs.*	Rupture entre Kuo-Min-Tang et communistes chinois.
1928 *Destins. La vie de Jean Racine. Le Roman.*	Giraudoux : *Siegfried.* Brecht : *l'Opéra de quat'sous.*	Tchang Kaï-Tchek président de la République chinoise.

Vie et œuvre	Arts et lettres	Histoire
1929 *Dieu et Mammon. Trois Récits.*	Débuts du cinéma parlant.	Exil de Trotski.
1930 *Ce qui était perdu.*		Triomphe nazi aux élections allemandes.
1931 *Souffrances et bonheur du chrétien. Blaise Pascal et sa sœur Jacqueline. L'affaire Favre-Bulle.*	Saint-Exupéry : *Vol de Nuit.*	Élections républicaines en Espagne.
1932 *Le Nœud de Vipères.* Élu Président de la Société des Gens de Lettres.	Céline : *Voyage au bout de la nuit.* Jules Romains : *les Hommes de Bonne Volonté* (-1936).	
1933 *Le Mystère Frontenac. Le Romancier et ses personnages.* Grave opération des cordes vocales. Élection à l'Académie Française.	Malraux : *la Condition humaine.* Duhamel : *la chronique des Pasquier* (- 1944).	Hitler chancelier du Reich.
1934 *Journal I.*	Aragon : *les Cloches de Bâle.*	
1935 *La Fin de la Nuit.*		
1936 *Les Anges noirs. Vie de Jésus.*	Bernanos : *Journal d'un curé de campagne.* Montherlant : *les Jeunes Filles* (- 1939).	Frente Popular en Espagne. Front Populaire en France. Soulèvement de Franco.
1937 *Journal II.* 22-11 : Première d'*Asmodée* à la Comédie-Française.	Malraux : *l'Espoir.*	
1938 *Plongées,* nouvelles.	Bachelard : *Psychanalyse du Feu.* Sarraute : *Tropismes.* Sartre : *la Nausée.*	Anschluss.
1939 *Les Chemins de la Mer.*	Saint-Éxupéry : *Terre des Hommes.*	Occupation de la Tchécoslovaquie. Fin de la guerre civile en Espagne. Pacte germano-soviétique. Invasion de la Pologne. Entrée en guerre de la France.

Vie et œuvre	Arts et lettres	Histoire
1940 *Journal III. Le Sang d'Atys,* poème.		Les Allemands à Paris. 18-6 : appel du général de Gaulle. Armistice.
1941 *La Pharisienne.*		
1942	Camus : *l'Etranger.* Ponge : *le Parti Pris des Choses.* Saint-John Perse : *Exil.*	
1943 *Le Cahier Noir* (sous le pseudonyme de Forez).	Anouilh : *Antigone.* Sartre : *l'Etre et le Néant.*	
1944		Libération de Paris .
1945 *Les Mal-Aimés,* pièce en 3 actes (Première le 1-3 à la Comédie-Française).		Conférence de Yalta. Création de l'O.N.U. Capitulation allemande. Première bombe atomique à Hiroshima.
1946		Démission du général de Gaulle. Début de la guerre d'Indochine.
1947 *Passage du Malin,* pièce en 3 actes (Première le 9-12 à Paris).	Camus : *la Peste.*	Guerre civile en Grèce.
1948 *Journal d'un homme de 30 ans.*	Char : *Fureur et Mystère.*	Assassinat de Gandhi. Création d'Israël.
1949	Bernanos : *Dialogues des Carmélites.* Ionesco : *la Cantatrice chauve.*	Proclamation de la République Populaire chinoise. Fin de la guerre civile en Grèce.
1950 *Journal IV. Le Feu sur la terre,* pièce en 4 actes (Première le 12-10-50 à Lyon)		Début de la guerre de Corée.
1951 *Le Sagouin.*		
1952 *Galigaï.* Prix Nobel de Littérature.		

Vie et œuvre	Arts et lettres	Histoire
1953 *Journal V.*	Beckett : *En attendant Godot.*	
1954 *L'Agneau.*	Montherlant : *Port-Royal.* Sagan : *Bonjour tristesse.*	Bataille de Dien Bien Phu. Début de la guerre d'Algérie.
1955 *Le Pain vivant,* scénario.		
1956		Campagne de Suez. L'armée soviétique en Hongrie.
1957	Butor : *la Modification.* Robbe-Gril et : *la Jalousie.*	Lancement du premier spoutnik.
1958 *Bloc-Notes I* (1952-1957).	Claude Mauriac : *l'Alittérature.*	Sécession d'Alger. De Gaulle président de la République.
1959 *Mémoires intérieurs.*		
1961 *Bloc-Notes II* (1957-1961).		Putsch d'Alger. Édification du mur de Berlin.
1962 *Ce que je crois. Thérèse Desqueyroux* portée à l'écran.		Indépendance de l'Algérie.
1963	Ionesco : *le Roi se meurt.*	Assassinat du président Kennedy aux U.S.A.
1964 *De Gaulle.*		
1965 *Nouveaux Mémoires intérieurs.*	Querelle de la Nouvelle Critique.	
1966	Malraux : *Antimémoires.*	Guerre entre Israël et les Pays arabes.
1968		Mai : émeutes au Quartier Latin.
1969 *Un adolescent d'autrefois.*		Démission du général de Gaulle. G. Pompidou président de la République. Le premier homme sur la lune.
1970 1er Septembre : mort de F. Mauriac.		9 Novembre : mort du général de Gaulle.

PLACE DE « THÉRÈSE DESQUEYROUX » DANS LA CARRIÈRE DE MAURIAC

Quand Mauriac publie *Thérèse Desqueyroux* en janvier 1927, il a quarante et un ans, et s'est déjà illustré comme romancier, et comme poète.

Il est né à Bordeaux en octobre 1885, dans une famille bourgeoise, d'un père incroyant - mort en 1887 -, et d'une mère très pieuse. De ses trois frères, l'un sera avoué, l'autre médecin, le troisième prêtre; lui se consacre à des études littéraires (il prépare et obtient sa licence, est admis à l'École des Chartes), mais surtout à la poésie. Sous le titre *Les Mains jointes* il publie en 1909 un recueil de ses premiers poèmes, salué avec enthousiasme par un article de Barrès. Poète, Mauriac ne cessera pas de l'être; *Orages* en 1925, *Le Sang d'Atys* en 1940, marquent la continuité chez lui de la vocation poétique. Mais très töt il s'essaıe au roman, avec *L'Enfant chargé de chaînes* (1913), et *La Robe prétexte* (1914); l'écriture manque encore de force et s'abandonne à des langueurs, mais les principaux thèmes s'esquissent. Après une interruption due à la guerre, Mauriac s'affirme comme romancier avec *La Chair et le Sang* (1920), *Préséances* (1921), et s'impose avec *Le Baiser au Lépreux* qui remporte un grand succès en 1922. Ce sont alors des années d'intense production où Mauriac écrit quelques-uns de ses meilleurs romans : *Génitrix* (1923), *Le Désert de l'Amour* (1925) auquel l'Académie Française décerne en 1926 son prix du Roman. *Thérèse Desqueyroux* (1927) est son dixième roman. De 1928 à 1955, il en publiera encore treize; et, après un silence de quatorze ans, il revient au roman en 1969, avec *Un adolescent d'autrefois*. Il a également écrit deux essais sur l'art du romancier : *Le Roman*, en 1928, et *Le Romancier et ses personnages*, en 1933.

LES ÉDITIONS DE « THÉRÈSE DESQUEYROUX »

De 1927 à 1960, on compte 18 éditions de *Thérèse Desqueyroux* en langue française, dont 13 à Paris, 5 à Bruxelles, Montréal, Monaco, Genève, Lausanne. Le roman figure également dans l'édition des meilleurs romans du demi-siècle réalisée en 1951 par l'Imprimerie Nationale; et au tome II des Œuvres complètes (Fayard, 1950, t. II : *Le Désert de l'Amour*, *Thérèse Desqueyroux*, *Thérèse chez le docteur*, *Thérèse à l'hôtel*, *La Fin de la Nuit*, *Conscience*, *instinct divin*, *L'Affaire Favre-Bulle)*.

De 1928 à 1956, *Thérèse Desqueyroux* a été traduit en 14 langues : en allemand et en anglais (1928), en italien (1929), en polonais (1930), en suédois (1931), en danois (1933), en néerlandais (1936), en russe (1936), en portugais (1943), en espagnol (1948), en japonais (1952), en grec (1953), en turc (1954), en serbo-croate (1956).

2 Analyse du roman

CHAPITRE I

Accompagnée de son avocat, Thérèse Desqueyroux sort discrètement du Palais de Justice de la petite sous-préfecture de B. Monsieur Larroque, père de Thérèse, les attend au-dehors; l'avocat lui annonce que l'instruction a conclu à un non-lieu. La calèche qui doit conduire Thérèse à la gare a été laissée à l'extérieur de la ville, pour ne pas attirer l'attention. Tandis que les deux hommes conversent en marchant, inattentifs à elle et tout occupés des répercussions de cette affaire sur la carrière politique de Monsieur Larroque, Thérèse s'efforce de ne pas les entendre; dans les odeurs du soir, elle respire la vie qu'on lui rend; elle imagine qu'elle aurait pu connaître le sort de sa grand-mère Julie Bellade, dont la famille a comme effacé l'existence scandaleuse, et dont pas même une photographie ne subsiste; elle songe à sa fille qu'elle embrassera cette nuit tandis que l'enfant dormira. Les voici tous trois devant la calèche. Le cocher, Gardère, dévisage avidement Thérèse; son père cependant l'écoute et la voit à peine; l'avocat s'inquiète de savoir si Thérèse rejoint dès ce soir Monsieur Desqueyroux : alors brusquement elle pense qu'il va lui falloir retrouver son mari encore malade, et vivre à nouveau à ses côtés. Tout au long de l'instruction, elle est retournée ainsi auprès de lui, sans la moindre gêne, soucieuse seulement de le renseigner sur la conduite à tenir, et de lui transmettre les conseils de l'avocat. Elle imagine maintenant le silence qui règne à Argelouse, et le premier regard que Bernard et elle échangeront. Terrifiée, elle déclare son intention de rentrer quelques jours plus tard chez son père. Alors Monsieur Larroque lui rappelle avec autorité que tout doit, au contraire, reprendre comme d'habitude, que rien ne peut être changé à sa vie conjugale : Bernard et elle doivent être aux yeux de tous « comme les deux doigts de la main... jusqu'à la mort ».

CHAPITRE II

La calèche emmène Thérèse, dans la nuit, vers la gare de Nizan : une heure de route. Thérèse pense à toutes les étapes de ce retour, souhaite ne jamais atteindre Argelouse. Elle s'abandonne, épuisée, aux mouvements de la voiture, songe à ce que pourront être les premières paroles de Bernard; puis elle s'assoupit et rêve que le juge l'interroge, rouvre l'instruction, a découvert le paquet de poisons encore caché dans la poche d'une vieille pèlerine; elle se réveille avec soulagement, comme de ces cauchemars où adolescente elle rêvait qu'il lui fallait de nouveau subir un examen. Thérèse prend alors conscience qu'elle peut encore vivre auprès de Bernard : si elle s'ouvre à lui, ne lui cachant rien de ce qu'elle a fait et pensé; avec joie, elle décide de consacrer le temps de son voyage à préparer cette confession.

Mais Thérèse en constate aussitôt la difficulté, parce qu'elle ignore tout de ce qu'elle a voulu, et ne peut déchiffrer les mouvements confus qui l'ont portée à agir.

Voici la gare de Nizan. A nouveau dévisagée par Gardère, Thérèse descend de calèche. Cette gare lui rappelle des voyages avec son amie Anne, des haltes ici même avec elle : Anne, premier personnage de son histoire, et dont il faudra d'abord parler à Bernard. Dans le compartiment vide, à peine installée, Thérèse se demande comment rendre son drame intelligible à Bernard, pour qu'il comprenne et pardonne. Peut-être faudra-t-il rappeler son enfance, le temps où elle était lycéenne, et proposée à ses camarades en modèle d'une sagesse toute fondée sur la raison. Temps de la pureté, pour Thérèse, par contraste avec sa vie de femme mariée; paradis perdu, angélique mais plein de passions. Aux vacances, sa joie était de retrouver à Argelouse Anne de la Trave, pieusement élevée par les dames du Sacré-Cœur. C'est dans ces étés heureux que sans doute son drame a pris naissance. Cependant le train entre en gare d'Uzeste, et Thérèse songe qu'elle a peu de temps pour « préparer sa défense ».

CHAPITRE III

Argelouse, à dix kilomètres du premier bourg, est le dernier lieu habité avant quatre-vingts kilomètres de landes et de marécages qui s'étendent jusqu'à l'océan. La maison de Monsieur Jérôme Larroque lui venait de sa femme, morte peu après la naissance de Thérèse. Sa sœur aînée, tante Clara, vieille fille sourde, y gardait Thérèse l'été, pendant les vacances. La maison voisine, depuis la mort de Monsieur Desqueyroux, appartenait à son fils; Bernard, qui étudiait le droit à Paris, ne s'installait à Argelouse qu'au temps de la chasse, consacrant peu de jours à sa famille : sa mère, son beau-père Monsieur de la Trave, et sa demi-sœur Anne. L'idée de marier Thérèse et Bernard était née tout naturellement de la proximité de leurs propriétés. A vingt-six ans, raisonnable en toutes choses, Bernard se montrait un fiancé indifférent : en se mariant, il organisait sa vie. Pourtant Thérèse reconnaît qu'il avait plus de finesse que les autres hommes de la lande, une sorte de bonté, un esprit juste, de la bonne foi.

Mais encore une fois c'est Anne qu'elle revoit : Anne en vacances, venue à bicylette depuis Saint-Clair lui rendre visite. Thérèse songe à l'étonnant et fragile bonheur que lui apportait cette amitié; elles n'avaient pourtant aucun goût commun sinon d'être ensemble au salon, ou dans cette palombière qui les abritait dans leurs promenades. Thérèse n'aimait pas voir Anne tirer les alouettes au crépuscule; elle souffrait de ce qu'Anne n'éprouvait pas le besoin de la voir tous les jours; et elle était saisie d'angoisse quand le soir elle se retrouvait seule.

Pourquoi Thérèse a-t-elle épousé Bernard? Elle le voulait, elle était en adoration devant lui, répétait Madame de la Trave. Sans doute y avait-il la joie de devenir la belle-sœur d'Anne; et surtout les deux mille hectares de Bernard; et plus profondément le besoin d'un refuge, la hâte de trouver sa place et d'entrer dans un ordre. A l'approche de son mariage, Thérèse éprouvait une paix juqu'alors inconnue.

CHAPITRE IV

Paix illusoire, à quoi succède, le jour même du mariage, la certitude d'être perdue. Anne même lui paraît maintenant lointaine et insignifiante. Thérèse se souvient du festin des noces, de leur départ, le soir, sous les acclamations; de la nuit qui suivit, de leur voyage aux lacs italiens; elle se rappelle comment elle apprit à feindre un plaisir que Bernard, enfermé dans sa propre jouissance, ne lui découvrait pas; comment dans l'amour même se renforçait leur solitude.

Elle n'avait d'abord reçu qu'une lettre d'Anne. Puis, à Paris, étape d'un retour que Bernard hâtait, trois à la fois, en même temps qu'une lettre de Madame de la Trave à Bernard, annonçaient qu'Anne s'était éprise du fils Azévédo. Ce jeune homme, atteint disait-on de phtisie, était venu se reposer dans une métairie proche d'Argelouse et propriété de sa famille. La lecture des lettres avait plongé Thérèse dans la stupeur : Anne y chantait sa joie, le bonheur des caresses et le désir impatient d'un plaisir plus grand. La troisième apprenait que les la Trave avaient enfermé Anne, et contenait une photographie de Jean Azévédo : dans une sorte de fureur jalouse, désespérée de voir Anne jouir d'un bonheur qui lui était refusé, Thérèse l'avait percée d'une épingle, à l'endroit du cœur.

Bernard avait décidé leur retour immédiat à Argelouse, où ses parents comptaient sur l'aide de Thérèse; et, avant de quitter Paris, un déjeuner dans un restaurant du Bois. Ce dernier repas parisien avait été l'occasion d'une vive discussion sur la famille, dont Bernard défendait l'autorité et l'honneur contre les insinuations de Thérèse. Elle se souvient encore de la nuit qui suivit, nuit pour elle sans sommeil, occupée à relire la dernière lettre d'Anne; puis elle avait déchiré les lettres et en avait jeté les fragments par la fenêtre. Elle avait aussi imaginé un instant de se jeter dans la rue; mais il lui fallait vivre, pour briser l'amour d'Anne et lui prouver que le bonheur n'existe pas, pour répondre aussi à l'attente de sa famille et permettre au fils Deguilhem, riche propriétaire de pins, d'épouser Anne de la Trave.

Le matin de leur départ, une nausée avait confirmé Thérèse dans l'idée qu'elle était enceinte.

CHAPITRE V

Tandis que le train approche de Saint-Clair, Thérèse revoit leur retour et leur séjour à Saint-Clair, chez Monsieur et Madame de la Trave, et ses allées et venues entre Anne, errant au jardin, et ses parents qui, assis au salon, s'inquiétaient de la santé de leur fille, résolus pourtant à ne lui rien céder. Ils comptaient sur les vertus d'un changement d'air : Thérèse s'efforçait de convaincre Anne d'accepter ce voyage. Au repas du soir, Anne mangeait en silence, comme absente ; Thérèse, regardant manger Bernard, était prise d'un dégoût et sortait. Anne l'avait rejointe dehors, sur le banc ; elle lui avait dit sa certitude de triompher, et sa confiance en Thérèse. Le visage appuyé contre le flanc de son amie, Anne avait alors senti bouger l'enfant ; elles étaient revenues « enlacées comme naguère » ; mais la peur avait envahi Thérèse de cette créature inconnue qui était en elle et dont elle ne voulait pas la naissance.

CHAPITRE VI

Après le départ d'Anne et des la Trave, Thérèse avait connu à Argelouse, où le couple s'était installé dans la maison des Larroque, une période de torpeur ; sans cesse elle remettait l'entrevue promise avec Jean Azévédo. Bernard de son côté, brusquement saisi d'une pensée anxieuse de la mort, s'était cru cardiaque, et la nuit réveillait Thérèse qui ne se rendormait qu'au matin. Quand il retrouvait sa femme encore au lit à la fin de la matinée, il s'irritait qu'elle négligeât de rencontrer le jeune homme.

Villandraut, dernière station avant Saint-Clair. Thérèse voudrait faire comprendre à Bernard qu'elle n'a pas aimé Jean Azévédo, et qu'il n'est pas cause de son crime. En fait, elle n'imaginait pas qu'un autre pût être meilleur mari que Bernard. Elle n'avait connu qu'un être supérieur, ou que du moins elle avait voulu croire tel : son père ; cet anticlérical pudibond passait pour un saint ; mais Thérèse en le voyant reconnaissait sa bassesse. Aux repas où Monsieur Larroque rencontrait les la Trave, la religion ou la politique étaient l'objet d'âpres disputes. Pourtant les uns et les autres n'avaient qu'une même passion : celle de la propriété, et Thérèse leur en voulait de ne pas l'avouer franchement.

Un jour où Bernard est parti consulter enfin un médecin à Bordeaux, Thérèse se rend en promenade à la palombière abandonnée où Anne et elle aimaient autrefois à s'arrêter, où Anne et Jean se rejoignaient. Elle y rencontre Jean, qui, dès les premiers mots de reproche de Thérèse - plaidant la cause de la famille - proteste qu'il n'a jamais voulu épouser Anne; du moins lui a-t-il donné le seul bonheur que sa vie lui permettrait. L'intelligence du jeune homme, son ardeur à chercher des joies toujours nouvelles, étonnent Thérèse qui l'écoute captivée. Tandis qu'il la raccompagne jusqu'à Argelouse, il lui découvre sur une foule de sujets des points de vue originaux pour elle et qu'elle juge admirables. Pour la première fois elle rencontre un homme pour qui comptent plus que tout la lecture, la réflexion, le commerce des esprits. Thérèse et Jean se séparent sans avoir rien résolu au sujet d'Anne, mais ils décident de se revoir.

CHAPITRE VII

Quand Thérèse rentre à Argelouse, Bernard lui apprend que le médecin, l'ayant seulement trouvé anémique, lui prescrit un traitement à l'arsenic. Elle parle à Bernard de son entrevue avec Jean, et improvise le plan qu'ils ont, dit-elle, décidé : une lettre de Jean à Anne, qui lui ôtera tout espoir.

Cette lettre, Jean et elle l'ont effectivement écrite lors d'une autre rencontre. De quelques promenades avec lui, elle se rappelle encore Jean lui décrivant Paris, sa vie là-bas, et l'encourageant à se libérer, à ne pas se renier mais à devenir ce qu'elle était; exhortations qui la touchaient profondément quand elle assistait le soir au repas de Bernard, qui, fatigué par la chasse, s'endormait près du feu; alors s'installait le grand silence d'Argelouse, auquel plus que jamais Thérèse fut sensible après le départ de Jean. Deux jours après ce départ - et Thérèse voudrait repousser ce souvenir - le soir, tandis que Thérèse s'attardait seule au salon, Anne avait frappé à la porte. Bouleversée par la lettre de Jean, elle s'était enfuie de Biarritz pour le rencontrer; et maintenant elle refusait de le croire parti, elle voulait se rendre tout de suite à Vilméja; Thérèse l'avait accompagnée dans la nuit jusqu'à la maison vide. A leur retour, Bernard, réveillé, les attendait, et, juge terrible, avait enfermé Anne dans une chambre. A ce souvenir, Thérèse comprend qu'il ne l'écoutera pas : il a déjà préparé son verdict.

CHAPITRE VIII

Une fois Anne revenue à Saint-Clair avec ses parents, le silence d'Argelouse s'était encore alourdi pour Thérèse. Une lettre à Jean était restée sans réponse, et les livres qu'il lui avait conseillés lui semblaient incompréhensibles. Les soins que lui prodiguait Bernard s'adressaient moins à elle qu'à l'enfant qu'elle portait : Thérèse perdait le sentiment de son existence individuelle. En décembre, le couple avait regagné Saint-Clair, où Thérèse retrouvait Anne, mais distante maintenant et déjà, semblait-il, résignée. On parlait beaucoup du curé, un prêtre jeune encore, solitaire, peu apprécié de ses paroissiens. Pour entendre cet homme, comme elle différent des autres, et qui peut-être pourrait l'aider, elle avait alors fréquenté l'église. Mais après la naissance de la petite Marie, le malaise de Thérèse n'avait cessé de croître. Non qu'il y eût mésentente entre elle et son mari ou ses beaux-parents : ils ne pouvaient pas même se comprendre. Si l'on disait que sa fille lui ressemblait, Thérèse en était exaspérée : elle voulait que rien ne la liât à cet enfant; aussi la jugeait-on peu maternelle. Anne au contraire vivait à nouveau depuis qu'elle s'occupait de la petite fille. Dans le néant où s'enfonçait Thérèse, détachée de tous et de tout, seul Bernard conservait une réalité, maintenant « affreuse »; elle avait particulièrement exécré son mari le jour de la Fête-Dieu, en le voyant suivre, par devoir, la procession.

La chaleur et la sécheresse faisaient craindre des incendies; des pins avaient déjà brûlé. Thérèse, qui n'en pouvait plus d'attendre, rêvait d'un feu qui détruirait aussi le bourg, et qu'elle aurait elle-même allumé. Mais « ce n'était pas aux arbres qu'allait sa haine ».

« La voici au moment de regarder en face l'acte qu'elle a commis ». Le jour d'un grand incendie de forêts, Bernard, préoccupé et distrait, avait doublé la dose de son médicament sans que Thérèse, accablée de chaleur, songeât à intervenir. Peu après, il en avait pris une seconde fois, et Thérèse n'avait rien dit. Elle n'avait rien dit non plus au docteur Pédemay, appelé la nuit au chevet de Bernard. Alors l'acte avait pris naissance : la tentation, d'abord, de vérifier, « une seule fois », si l'absorption excessive d'arsenic était bien la cause de ce malaise; elle avait commencé à empoisonner Bernard.

Les feux de la gare de Saint-Clair sont en vue. Thérèse n'a plus rien à dire que Bernard ne sache : comment ensuite son mal a repris, comment son état s'est aggravé, puis amélioré au moment même où l'on décidait de faire venir un médecin de Bordeaux. Bernard avait alors voulu qu'on l'installât à Argelouse, pensant être guéri pour la chasse aux palombes; Thérèse veillait son mari, soignait sa tante victime d'une crise de rhumatismes et la remplaçait dans ses visites aux malades des métairies. Au début de décembre, Bernard avait été terrassé; un médecin bordelais appelé en consultation l'avait fait transporter d'urgence dans une clinique. On parlait d'ordonnance falsifiée : les soupçons portaient sur Thérèse, qui prétextait que l'ordonnance suspecte lui avait été remise par un inconnu.

CHAPITRE IX

Saint-Clair. Thérèse monte dans la carriole que conduit Balion, le métayer des Desqueyroux. Elle sent maintenant s'effondrer sa confession péniblement préparée : « Le plus simple sera de se taire. » Il faudrait que Bernard lui ouvre les bras « sans rien demander ». Mais elle se sait désespérément seule. Sur la route viennent à sa rencontre tante Clara et Bernard; elle leur annonce le non-lieu et ils montent à côté d'elle. A leur arrivée, Bernard introduit Thérèse dans le salon. Tante Clara, guettant par le trou de la serrure, voit Thérèse sourire. Elle sourit en effet, mais c'est parce qu'elle constate soudain qu'il est impossible à Bernard de la comprendre; elle accepte maintenant d'être rejetée, de disparaître : « Laissez-moi disparaître, Bernard. » A cette demande, Bernard enfin parle, retrouve les phrases écrites sur un papier; au nom de la famille et dans son intérêt, il a décidé que toutes les apparences de leur union seront sauves; mais Thérèse sera reléguée dans sa chambre de la maison Desqueyroux, libre seulement de courir les bois, séparée de tante Clara, séparée de sa fille dont se charge Madame de la Trave. Bernard craint en effet pour la vie de Marie, héritière de ses propriétés; le mobile du crime, pour lui, c'est la volonté de le déposséder. Dans quelques mois, après le mariage d'Anne, il regagnera Saint-Clair, laissant Thérèse à Argelouse. De dominer enfin sa femme, Bernard éprouve joie et fierté. Thérèse songe-t-elle à s'enfuir ? Il menace : la famille la livrera à la justice. Monsieur Larroque lui-même approuve cette conduite. Bernard sort, trouve tante Clara au bas de l'escalier, l'aide à monter jusqu'à sa chambre où, sans même la force de se déshabiller, elle s'allonge sur son lit les yeux ouverts.

CHAPITRE X

Restée seule au salon dans le noir, Thérèse songe à la confession qu'elle a vainement préparée, s'étonne d'y avoir accordé tant d'importance à Jean Azévédo; en fait, elle a voulu briser la mécanique familiale; puisqu'elle n'a pu le faire, la machine va l'anéantir. La pensée lui vient un instant de fuir, malgré les menaces de Bernard; mais elle n'a pas d'argent, ne peut en avoir que par Bernard. Du moins veut-elle s'assurer s'il a bien cette preuve qu'il prétend détenir : elle monte jusqu'au grenier. Non : le paquet est toujours là, dans la poche profonde d'une vieille pèlerine : chloroforme, aconitine, digitaline. Elle pense aux gestes nécessaires pour absorber le poison, pour mourir. En descendant, elle entre dans la chambre où dort Marie, regarde l'enfant, trop semblable à elle-même, baise sa main et s'étonne de sentir couler ses larmes. Dans sa chambre, elle emplit d'eau un verre, hésite, terrifiée - incertaine que Dieu n'existe pas -, verse le chloroforme, quand entre Balionte, la femme du métayer, annonçant la mort de tante Clara. Thérèse assiste au service funèbre, puis, le dimanche suivant, entre son mari et sa belle-mère, à la messe : « cernée de toutes parts », la foule derrière, et devant elle l'homme de Dieu.

CHAPITRE XI

La beauté de l'automne efface d'abord pour Thérèse les incommodités de la maison Desqueyroux. Mais les soirées dans sa chambre sont interminables. A court de livres, elle fume, tisonne, tente en vain de dormir. Ses promenades mêmes sont sans joie : elle fait peur et doit éviter toute rencontre. Seule la messe du dimanche à Saint-Clair lui apporte quelque répit; elle croit trouver l'opinion moins sévère. En novembre, la pluie tombe sans arrêt; un soir Thérèse qui n'a pu sortir descend dans la cuisine; mais Bernard la chasse, et lui annonce qu'il part pour Saint-Clair dès le lendemain, la dispensant désormais d'assister à la messe. Le lendemain, Thérèse fume, se couche dès l'après-midi, refuse de dîner. Prise de fièvre, elle imagine sa vie à Paris, en compagnie d'Azévédo et de ses amis : elle leur parlerait, s'expliquerait; sa vie s'organiserait autour d'un amour caché. Le jour suivant elle reste couchée, néglige sa toilette, mange à peine, fume, tentant « de retrouver ses imaginations nocturnes ». Ainsi passent les jours, Balionte ne faisant plus le lit ni le ménage, cependant que Thérèse s'enferme dans ses rêves. Balionte enfin la contraint à se lever pour faire la chambre, confisque ses cigarettes de peur qu'elle ne mette le feu. La fenêtre mal fermée s'ouvre la nuit. Sans courage pour se lever, Thérèse d'abord se couvre, puis comme par défi repousse les couvertures, et s'exposant au froid, s'occupe à souffrir.

CHAPITRE XII

Une lettre de Bernard annonce son arrivée vers le 20 décembre; Anne et le fils Deguilhem maintenant fiancés l'accompagneront : le futur gendre des la Trave tient à voir Thérèse. Elle s'efforce alors de reprendre contact avec la réalité, de s'arracher au rêve, de réapprendre à manger, à marcher. Le 18 décembre dans l'après-midi, elle entend l'auto, puis la voix de Bernard, et, pour descendre, se farde. Dans le salon, Bernard, le fils Deguilhem, Anne et sa mère, l'attendent. Quand elle entre, son apparence est telle qu'elle provoque la stupeur, et la pitié. Thérèse félicite Anne de ses fiançailles; et Anne lui donne de Marie des nouvelles qu'elle ne songeait pas à lui demander. Thérèse sent qu'Anne la méprise de se désintéresser de sa fille; elle, cependant, pense au destin d'Anne, appelée - sacrifice non sans beauté - à s'anéantir dans ses enfants. Tous enfin se lèvent; Thérèse, épuisée par son effort, s'évanouit. Bernard qui a résolu de rester, entre dans la cuisine, s'emporte contre les Balion, décide que Thérèse prendra ses repas avec lui, comme autrefois. Il a eu peur; désormais il l'entoure de soins : il faut qu'elle guérisse, puis qu'elle disparaisse. Après le mariage d'Anne, elle pourra vivre à Paris.

Maintenant que Thérèse songe à se perdre dans la foule des hommes, la nature autour d'elle cesse de lui paraître hostile; elle découvre que « le silence d'Argelouse » n'existe pas. Elle s'étonne aussi de la facilité nouvelle de leur vie commune, de la liberté de chacun devant l'autre.

CHAPITRE XIII

Un matin de mars, Bernard et Thérèse bavardent à la terrasse d'un café parisien. Dans un instant Bernard va repartir pour Argelouse. Il se reproche d'être venu, cédant au désir de Thérèse : au moment de la quitter, il ressent tristesse et trouble; une question lui vient aux lèvres : pourquoi a-t-elle voulu sa mort? Il ne croit plus que ce soit pour ses pins. Voici peut-être enfin pour Thérèse le moment de dire cette confession autrefois préparée. Elle entrevoit la possibilité d'un pardon, d'une vie nouvelle à Argelouse. Elle tente de dire la raison de son acte, celle du moins qu'elle devine à l'instant : il lui semble qu'elle a voulu troubler Bernard, faire naître précisément en lui cette inquiétude et cette curiosité qu'il manifeste maintenant. Mais Bernard croit qu'elle se moque; il veut savoir le moment où elle a commencé : elle raconte le jour du grand incendie de Mano. Alors Bernard ricane, pense qu'elle cherche à se disculper; elle cependant se charge avec passion, explique son acharnement à tuer par la volonté d'être elle-même. Bernard agacé, et pressé d'en finir, est de nouveau lointain. Thérèse suggère qu'elle pourrait revenir à Argelouse parfois, pour ses affaires, pour voir Marie : elle reviendra répond Bernard, pour les cérémonies de famille. Thérèse songe qu'elle aurait dû s'enfuir une nuit et se perdre et mourir dans une lande. Les derniers efforts qu'elle tente pour renouer la conversation restent vains. Bernard hèle un taxi et s'en va. Demeurée seule, Thérèse regarde la foule passer, va déjeuner dans un restaurant de la rue Royale, tout occupée déjà des êtres qu'elle souhaite approcher. « Thérèse avait un peu bu et beaucoup fumé. Elle riait seule comme une bienheureuse. Elle farda ses joues et ses lèvres, avec minutie; puis, ayant gagné la rue, marcha au hasard. »

3 Situation et composition du roman

SITUATION DANS LE TEMPS

Les romans de Mauriac n'accordent que fort peu de place aux événements historiques; mais les quelques allusions qu'ils contiennent suffisent à fixer l'époque de leur action. Dans *Le Mystère Frontenac*, ou *Le Nœud de Vipères*, par exemple, la guerre de 1914 sert de repère. Le dernier de ces deux romans fournit également des dates précises : de mariage, de naissance, toute une chronologie des moments essentiels de la vie des personnages.

Dans *Thérèse Desqueyroux*, ces repères manquent. Sans doute savons-nous que l'année de son mariage, Bernard a vingt-six ans, que sa demi-sœur Anne est beaucoup plus jeune que lui, et plus jeune que Thérèse. Le drame lui-même s'inscrit dans un temps de deux années, et nous connaissons la saison, le mois, le moment du mois, parfois le moment de la journée, où les événements ont eu lieu. Mais nous en sommes réduits à deviner l'âge de Thérèse; et nous disposons de peu de renseignements pour déterminer une époque. Nous sommes au-delà de l'affaire Dreyfus, que tante Clara rappelle avec passion (p. 121); aux beaux jours de la politique radicale, de l'anticléricalisme. Dans les lycées de jeunes filles, s'élabore une morale qui ne doit plus rien à la religion; et les familles bien-pensantes, redoutant les méfaits d'une éducation laïque, envoient leur fille au couvent : Anne a été confiée aux dames du Sacré-Cœur. Thérèse se farde, elle fume, elle est déjà une femme moderne; mais ces façons de faire choquent sa belle-famille. L'automobile existe, bien sûr, et Bernard en possède une qu'il conduit lui-même; mais Monsieur Larroque a encore calèche et cocher; entre Saint-Clair et Argelouse on voit rouler la carriole de Balion ou le cabriolet de tante Clara. Les maisons de Saint-Clair et d'Argelouse s'éclairent au pétrole : une fois la nuit tombée, les seules lumières sont celles des feux, des lanternes, des lampes, des bougies. Nous devinons l'existence de problèmes sociaux : les « anecdotes sinistres » (p. 82) de tante Clara nous disent la dure vie des métayers, des vieillards surtout, « condamnés au travail jusqu'à la mort », et des femmes; nous apprenons ce que gagne un « résinier », payé - bien payé, estime le fils Deguilhem, riche propriétaire - « à l'amasse de gemme » : « Savez-vous qu'un résinier, aujourd'hui, se fait des journées de cent francs ? » (p. 166). Et Thérèse n'ignore pas le conflit des classes; mais son tragique lui échappe « dans un pays où... le goût commun de la terre... crée entre tous, bourgeois et paysans, une fraternité étroite » (p. 81).

Du reste du monde, que savons-nous ? Bernard ne lit que *La Petite Gironde*; encore s'assoupit-il sur son journal. La guerre de 1914 menace-t-elle, ou a-t-elle eu lieu ? Une seule allusion, à la chronique judiciaire celle-là, permet de fixer approximativement l'action au-delà de 1918 : Bernard se souvient que lorsqu'il était enfant, il a vu dans un journal une image coloriée « qui représentait *La Séquestrée de Poitiers* » (p. 162). Or l'affaire est de 1901. On peut en conclure que Bernard se marie, à vingt-six ans, en 1919 au plus tôt - à moins qu'on ne place ce mariage pendant la guerre, ce qui est inconcevable.

Mauriac n'a pas daté les événements de son roman, d'abord parce qu'ils sont contemporains ou proches des années où Mauriac écrit ce roman; l'auteur y peint, et le lecteur de 1927 y reconnaît, la vie d'hommes et de femmes de leur temps.

L'ignorance des grands bouleversements qui s'opèrent dans le monde est d'autre part le fait de cette société qu'il décrit, société provinciale repliée sur elle-même. Ces propriétaires attachés aux domaines dont ils vivent, s'en éloignent à contrecœur, pressés, à chaque voyage, de revenir à leurs habitudes. Seule Thérèse, parce qu'elle veut être « une femme d'aujourd'hui » (p. 149), soupçonne qu'ailleurs, au-delà des limites de son pays, il se passe quelque chose : des esprits s'interrogent, des livres se publient qui proposent aux vieux problèmes des solutions neuves, le monde change.

On s'étonne pourtant de ne trouver aucun souvenir de la guerre. Elle a éclaté quand les héros du roman avaient plus de vingt ans : comment Bernard n'aurait-il pas été mobilisé ? Or tout se passe comme s'il n'y avait pas eu de guerre du tout. Bernard semble avoir toujours librement disposé de son temps : « Jusqu'à son mariage, il fit une part égale au travail et au plaisir » (p. 31); jusqu'à son mariage rien n'est venu troubler l'organisation méthodique de ses études, de ses voyages et de ses chasses.

On peut donc penser que ce refus d'insérer l'action romanesque dans le déroulement d'événements historiques précis, que ce parti pris d'annuler l'histoire, ont une autre raison encore. Ils traduisent sans doute la volonté de peindre, sans s'arrêter aux particularités d'une époque, une vérité humaine qui est de tous les temps. Ce couple que nous observons dans une chambre impersonnelle d'un hôtel, ce n'est plus Bernard et Thérèse : mais le couple éternel. Il dort, « Adam désarmé et nu, d'un sommeil profond et comme éternel »; auprès de lui, accoudée sur l'oreiller, « la femme » (p. 60) - Ève ou Dalila ? - le regarde dormir. Nous ne savons pas son âge [1], mais c'est parce qu'elle n'en a pas : « Je n'ai pas d'âge » (p. 183), constate-t-elle en s'apercevant dans une glace.

SITUATION GÉOGRAPHIQUE

Bernard a visité l'Italie, l'Espagne et les Pays-Bas; il a, pour leur voyage de noces, emmené Thérèse aux lacs italiens. Mais de ces voyages, pas une image ne nous est rapportée, sinon celle de Bernard parcourant les musées, Baedeker [2] en main, « satisfait d'avoir vu dans le moins de temps possible ce qui était à voir » (p. 46) : pressé de faire ce que doit faire un touriste consciencieux, parce qu'il est pressé de rentrer. La vraie vie, pour les la Trave, pour les Desqueyroux, pour les Larroque, ne saurait se concevoir hors de la « petite

1. D'une indication de *La Fin de la Nuit* - Thérèse a quarante-cinq ans quinze ans après l'instruction de son procès - nous déduisons qu'elle a vingt-huit ans à son mariage, et qu'elle est de deux ans plus âgée que Bernard.
2. Célèbre guide touristique.

Gironde » : franchir les limites des Landes et du Bordelais, c'est pénétrer en terre étrangère ; se rendre à Paris, à Beaulieu-sur-mer, à Biarritz même, présente un caractère d'exception. Mais dans cette petite Gironde, la vie de Thérèse et de Bernard s'inscrit à l'intérieur d'un cercle plus étroit encore, dont le rayon n'excède pas une dizaine de kilomètres et dont le centre est Argelouse. D'ici, la sous-préfecture de B., où réside Monsieur Larroque, apparaît déjà comme un lieu lointain, qu'on n'atteint qu'au terme d'un véritable voyage : dix kilomètres de mauvaise route, puis un long trajet en train, avec d'interminables arrêts ; une heure enfin de voiture. Et l'on ne va guère à Bordeaux que dans des cas d'urgence, parce qu'on sait y trouver, s'il le faut, un avocat réputé, un médecin compétent, une clinique où hospitaliser un grand malade.

Tante Clara ne peut vivre qu'à Argelouse, même quand les rigueurs de l'hiver ont chassé tous les autres vers les maisons plus confortables et mieux chauffées de Saint-Clair. C'est à Argelouse que Thérèse aime à passer ses vacances de lycéenne, et que, chaque automne, Bernard revient pour le temps de la chasse. C'est là que les jeunes mariés s'installent au retour de leur voyage de noces, après un bref séjour à Saint-Clair ; là que Bernard se fait transporter pendant sa maladie, dans l'espoir d'être guéri pour la chasse à la palombe. Thérèse retourne à Argelouse après chaque interrogatoire du juge d'instruction, elle y revient, prisonnière de son mari, une fois le non-lieu prononcé, elle rêve d'y vivre à nouveau quand, à Paris, il lui semble un instant que Bernard pourrait lui pardonner. Quittant Argelouse pour Paris, Thérèse n'y va pas vivre enfin, comme parfois elle le croit, mais s'y « noyer ». Elle laisse derrière elle les domaines et les vieilles maisons de famille, pour des chambres d'hôtel ou des appartements en location, pour une vie « au hasard » (p. 184), sans forme ni but, parce qu'elle n'a plus de lieu.

Centre du monde, Argelouse est aussi « une extrémité de la terre » (p. 29). Quelques métairies autour d'un champ de seigle, cernées par la forêt comme une oasis qu'enveloppe le désert ; mais une oasis sans « le moindre filet d'eau » : en ce « pays de la soif », « il faut marcher longtemps dans le sable avant d'atteindre les sources du ruisseau appelé la Hure » (p. 35). Une route défoncée mène à Saint-Clair, distant de dix kilomètres. Et au-delà, des sentiers sablonneux s'enfoncent dans « quatre-vingts kilomètres de marécages, de lagunes, de pins grêles, de landes » (p. 29).

Centre du monde, Argelouse est le lieu autour de quoi tout s'ordonne, la terre reçue en héritage. Extrémité de la terre, Argelouse est au contraire une « île » (p. 48) de déportation, un lieu d'exil, coupé du monde, perdu au sein d'une nature hostile. Ce pays contradictoire, où l'on ne peut vivre et pourtant le seul où l'on puisse vivre, « pays secret et triste » (p. 174), est celui qu'inlassablement décrivent les romans de Mauriac, parce qu'il est son pays. Là « s'écoulèrent », dit-il, ses « vacances d'écolier », dans le parc de la propriété familiale de Saint-Symphorien, au bas duquel coule la Hure; le jeudi, jour de foire, il se rendait à Villandraut, chez sa grand-tante; et adolescent, il chassait la palombe « bien au-delà de Saint-Symphorien, près du marais de la Teychouère » *(Mémoires intérieurs)*, dans des bois de chênes vénérables qu'il a célébrés dans *Le Mystère Frontenac*. Peut-être Mauriac ne respecte-t-il pas toujours la topographie. Mais les noms de lieux sont bien réels, à commencer par celui d'Argelouse - Mauriac dit avoir décrit en fait sous ce nom le hameau de Jouanhaut *(Commencement d'une vie)* -; et si demeurent énigmatique la sous-préfecture de B. (Bazas? Mais pourquoi cette initiale seulement?), et introuvable sur une carte le bourg de Saint-Clair (Saint-Symphorien sans doute), du moins est-il aisé de suivre presque en entier l'itinéraire de Thérèse lors de son voyage de B. à Argelouse dans les neuf premiers chapitres.

SCÈNES DE LA VIE DE PROVINCE

Ainsi l'imagination de Mauriac est-elle ici toute nourrie de souvenirs. C'est à eux qu'il recourt pour peindre un certain nombre de scènes ou de moments de la vie provinciale : longs repas de famille après lesquels « sur la table desservie on apporte l'alcool » (p. 40), tandis que les hommes parlent de poteaux de mine, de gemme, de térébenthine; repas de noces champêtres « où plus de cent métayers et domestiques » mangent et boivent « sous les chênes » (p. 44); réceptions un peu guindées dans les salons humides des vieilles maisons;

chasses à la palombe, avec la préparation des appeaux, le guet patient dans les « palombières », les signaux convenus par lesquels le chasseur avertit le promeneur de l'approche d'un vol et lui recommande le silence; la terreur des incendies de forêts, et cette prudente habitude de toujours écraser avec soin sa cigarette, « comme font les Landais » (p. 172); les provincialismes encore, les mots qui n'appartiennent qu'à cette région : les « brandes » - genêts et bruyères -, la « fougasse » dite encore « roumadjade », les « miques » - qui sont des gâteaux -; ou les mots que l'usage local a consacrés dans un sens nouveau : un « quartier », pour désigner un groupe isolé de métairies; enfin l'accent, tellement insupportable à Thérèse dans la voix de Bernard, « cet accent ignoble et qui fait rire partout ailleurs qu'à Saint-Clair » (p. 125); et le patois que Mauriac ne transcrit pas, mais dont nous savons que Bernard le parle couramment avec ses métayers.

LA COMPOSITION DU RÉCIT

Le roman est composé de treize chapitres relativement brefs - le roman chez Mauriac est toujours d'une matière dense et répugne aux longs développements -, les plus longs - presque régulièrement un sur deux, comme si alternaient des temps plus rapides, et d'autres d'une plus grande complication dramatique - correspondant aux moments de plus forte tension ou de plus grande perplexité : chapitres 4, 6, 8, 12, respectivement consacrés au mariage, à la rencontre de Jean Azévédo, au crime, à la visite faite à Thérèse par Bernard et sa famille. Il est constitué de deux mouvements consécutifs, dont le premier culmine et s'achève au chapitre 9. C'est, dans l'espace, le retour de Thérèse à Argelouse, auprès de Bernard; et, dans le temps, un retour sur son passé. Tandis que Thérèse chemine en elle-même, à la rencontre de ce crime qu'elle a si étrangement tenté, la victoria de son père, puis le train, puis la carriole de Balion, l'emportent vers Argelouse, à la rencontre de sa victime, maintenant son juge. Nizan, Uzeste, Villandraut, Saint-Clair, Argelouse enfin : quatre étapes d'un voyage inconfortable de plusieurs heures en pleine nuit, avant de se trouver en face de Bernard; mais combien d'étapes, dans cette descente en soi-même, au milieu des ténèbres intérieures, « dans ces régions indéterminées » (p. 24) qu'elle explore! Infaillible, le train poursuit sa route certaine; cependant elle tâtonne, s'égare dans un « lacis de défilés, de passages » (p. 24).

A ce retour, d'autres retours se superposent, d'autres itinéraires qui nous ramènent au « quartier perdu » d'Argelouse : retour surtout du voyage de noces en Italie (chapitres 4, 5, 6), en trois étapes : Paris - où Thérèse apprend la passion d'Anne pour Jean Azévédo -, Saint-Clair - où elle obtient d'Anne son départ pour Biarritz -, Argelouse - où elle rencontre Jean et écrit avec lui sa lettre de rupture.

Au moment où Thérèse entre dans la maison d'Argelouse, toutes ces années qu'elle a vainement éclairées retournent à l'ombre; il ne s'agit plus maintenant de comprendre le passé, mais d'apprendre l'avenir que Bernard lui a préparé. Voici Thérèse prisonnière dans Argelouse, dont elle ne sera libérée qu'au dernier chapitre; désormais le récit reprend un cours simplement chronologique, pour raconter la séquestration de Thérèse, cette sorte de folie où peu à peu elle sombre, puis les soins que lui donne Bernard, la liberté qu'enfin il lui accorde, pressé de se débarrasser d'elle.

Au mouvement qui pendant les neuf premiers chapitres ramenait Thérèse à Argelouse et la rapprochait de Bernard, répond dans les quatre derniers un mouvement qui l'éloigne de son pays et de son mari : elle fuit, et il la rejette. Il voulait qu'elle revînt, afin qu'aux yeux de tous il n'y eût rien de changé et que leur couple parût intact; maintenant il veut écarter au plus vite, « comme on va jeter à l'eau un engin qui d'une seconde à l'autre peut éclater », « cette femme terrible » (p. 163). Elle, de son côté, devait le revoir, non seulement pour obéir à son père, mais parce qu'elle voulait lui parler; maintenant qu'il refuse de l'écouter, il faut qu'elle lui échappe. Dès le moment où Bernard a rendu son jugement et lui a dicté ses ordres, elle a tenté l'évasion : elle a songé d'abord à s'enfuir; puis à se suicider; plus tard, dans l'ennui de sa solitude, elle s'est évadée en imagination. Mais chaque fois, un obstacle l'a arrêtée : le manque d'argent, la mort de tante Clara, la lettre de Bernard qui l'a contrainte à renoncer au songe. C'est Bernard lui-même qui va enfin l'aider à réaliser sa fuite. Pour la première fois leurs deux efforts se conjuguent. Les pins autour de la maison semblent s'écarter, Thérèse va « prendre le large » (p. 168). Pourtant, au seuil de sa liberté, elle hésite, saisie un instant du désir d'une autre aventure que celle où elle s'engage, d'une « aventure intérieure » celle-là, qui serait une « recherche de Dieu » et pourrait se poursuivre à Argelouse, auprès de son mari, « au pays secret et triste » (p. 174).

Deux fois dans le roman, longuement dans les neuf premiers chapitres, puis très passagèrement dans le dernier, un mouvement se dessine qui rapproche Bernard de Thérèse, tendant à reconstituer le couple. Que Thérèse parle, et que Bernard l'écoute, et tout serait à nouveau possible. Deux fois cette confession est sur le point de se faire : résolue, puis préparée, mais au moment où tout devait être dit, écartée - par Thérèse d'abord, comme inutile : Bernard ne comprendrait pas; puis par Bernard lui-même après un court effort d'attention, et parce qu'en effet il ne comprend pas.

L'ABSENCE D'ÉVÉNEMENTS

Une confession qui n'a pu être dite; un pardon qui n'a pas été prononcé : à cela se réduit l'action. Que Thérèse Desqueyroux se sépare de son mari, importe peu en fait, puisqu'il n'y a jamais eu de véritable entente entre eux. L'essentiel de l'aventure de Thérèse appartient donc au passé. Quand nous la voyons pour la première fois paraître, tandis qu'elle sort du Palais de Justice de B., tout est joué : le procès, le crime, ces événements où l'on est tenté de voir la trame du roman, ne sont plus que souvenirs. Qu'ont-ils même été, dans la réalité? Il y a bien eu volonté de meurtre, et instruction d'un procès; Thérèse a effectivement commis les gestes qui devaient tuer Bernard, elle a été effectivement, et plusieurs fois, interrogée; ces deux moments de sa vie ont été pour elle effrayants. Pourtant l'issue des événements les a en partie niés : Thérèse est libre, et Bernard convalescent. Meurtre inachevé, crime sans victime, et non-lieu : rien de ce passé n'a abouti.

On peut considérer aussi bien que l'aventure de Thérèse n'a pas encore vraiment commencé. Quand Bernard lui rend sa liberté et la laisse seule à la terrasse d'un café parisien, quelle vie s'ouvre devant elle? Si Thérèse est bien réellement libre maintenant, et libre de devenir elle-même, que fera-t-elle de cette liberté, quelle Thérèse va-t-elle être? Mais si cette liberté est illusoire, quels risques ne va-t-elle pas courir et comment ne se perdrait-elle pas? Le roman s'achève sans rien résoudre, au moment où nous voudrions qu'il commence. Il appelle au moins une suite; et cela est si vrai que Mauriac, préoccupé du destin de son héroïne, est sans cesse revenu à elle dans les années qui suivirent la publication du roman. Ainsi est né tout un cycle consacré à ce personnage. Dans un chapitre d'un roman publié en 1930 : *Ce qui était perdu*, dans deux nouvelles de 1933 : *Thérèse chez le docteur* et *Thérèse à l'hôtel*, dans un roman qui lui est à nouveau consacré : *La Fin de la Nuit*, publié en 1935, nous rencontrons Thérèse quelques années, dix ans, quinze ans après l'instruction; nous la suivons, quelques instants ou quelques semaines, dans sa vie de désordres et de souffrances, nous la voyons revenir et mourir à Argelouse.

Thérèse Desqueyroux pourrait paraître un roman inachevé. Il contient en fait la totalité de ce qu'il veut peindre : l'affrontement sans issue de deux êtres qui se sont liés sans amour. Il est significatif que la construction du roman détache, aux chapitres 9 et 13, ces deux scènes où Bernard se révèle par deux fois incapable d'une parole de tendresse ou de compassion, incapable du pardon qui pourrait sauver Thérèse.

Il est plus juste de dire qu'il est le roman de l'inachevé. Que l'on songe à *L'Étranger* de Camus : Meursault a tué, il est jugé : nous sommes dans le monde des actes définitifs, des gestes qui tuent et des sentences qui condamnent. On apprécie alors par contraste à quel point *Thérèse Desqueyroux* est le roman des gestes vains, des actes et des pensées non définitifs, mais toujours révocables, susceptibles d'amendement et de pardon. A chaque fois, tout reste possible : que la haine cède à la tendresse, que Thérèse revienne à Bernard ou qu'elle parvienne à Dieu. Ce « hasard » où marche Thérèse au moment où nous la perdons de vue, tout nous porte à penser qu'il pourrait se faire Grâce : « Sur ce trottoir où je t'abandonne, j'ai l'espérance que tu n'es pas seule » (p. 6).

LE POINT DE VUE DE THÉRÈSE ET LE POINT DE VUE DE MAURIAC

Dans dix des treize chapitres du roman, Thérèse est presque continuellement seule : seule pendant le temps de son voyage de B. à Argelouse (chapitres 2 à 9), seule pendant le temps de sa séquestration (chapitres 10 et 11). Cette femme « condamnée à la solitude éternelle » (p. 19), qui n'a jamais personne auprès d'elle à qui parler, ou qui veuille l'écouter, et qui prête à peine attention à ce qu'on dit, est rejetée à ses rêves, à ses songes ; « ainsi songeait Thérèse » : cette expression, par sa fréquence, est significative. Dans sa presque totalité le roman est un long soliloque.

Le point de vue sur les êtres et sur les événements est donc le point de vue de Thérèse. C'est elle qui voit, qui entend, qui sent, et qui songe. C'est dans sa conscience que nous nous introduisons. Nous n'entendons que son témoignage, avec ce qu'il comporte nécessairement d'oubli ou d'erreur. Il est des faits qui lui échappent, toute une part des êtres qui lui reste inconnue ; ainsi devine-t-elle que Bernard vaut mieux que la caricature qu'elle en trace. Il en est d'autres qu'elle veut oublier, ou qu'elle choisit au contraire de retenir et de rappeler. Car son retour sur soi-même est orienté par l'intention de Thérèse, et par le caractère de la personne à qui elle va parler ; ainsi sa confession est en même temps une défense, et Bernard n'est pas seulement le mari auquel on se confie, il est le juge qui va prononcer sa sentence.

Parfois Mauriac s'est contenté d'écouter son personnage, de lire sa pensée : quelques phrases, parfois un chapitre presque entier - le chapitre VI - sont à la première personne. Mais plus souvent le soliloque de Thérèse est rapporté à la troisième personne, au style indirect : « Thérèse songeait que... », « Thérèse se souvient que... », « il semble à Thérèse que... », « Thérèse s'efforce d'imaginer que... ». Le romancier est là, qui regarde vivre son personnage, et nous invite à l'observer avec lui ; il reprend la narration à son compte. Une réflexion se glisse qui ne peut être que de lui. Un commentaire s'ébauche, dégageant une leçon générale : nous reconnaissons la voix de Mauriac, son point de vue, son jugement : « Rien n'est vraiment grave pour les êtres incapables d'aimer ; parce qu'il était sans amour, Bernard... » (p. 129); « une lettre exprime bien moins nos sentiments réels que ceux qu'il faut que nous éprouvions pour qu'elle soit lue avec joie » (p. 47); « Si Bernard était rentré à cette minute dans la chambre, il se fût aperçu que cette femme assise sur le lit n'était pas sa femme, mais un être inconnu de lui... » (p. 51). C'est le romancier qui décrit Argelouse, qui diagnostique chez Bernard l'obsession de la mort « si commune aux gens de sa race bien qu'il soit rare qu'elle se manifeste avant la trentième année » (p. 75); lui qui, au fond de la calèche cahotante, voit Thérèse, peint son visage et explique son charme : ce charme, « tous ces êtres le possèdent dont le visage trahirait un tourment secret, l'élancement d'une plaie intérieure, s'ils ne s'épuisaient à donner le change » (p.19). Ainsi sommes-nous appelés un instant à prendre nos distances d'avec Thérèse, et à regarder selon un point de vue qui n'est plus le sien. Alors nous pouvons lire en Bernard des pensées, des images, qu'elle ignore : « Thérèse l'observe... mais ne devine pas l'image que contemplent ses gros yeux dans la flamme; ce dessin rouge et vert du *Petit Parisien : La Séquestrée de Poitiers* » (p. 168). Les autres personnages retrouvent une certaine autonomie. Ils se mettent à penser eux aussi, à se souvenir, à regarder à leur tour. Nous passons de leur côté, et c'est avec Bernard, le fils Deguilhem et Madame de la Trave que nous voyons Thérèse ouvrir la porte du salon d'Argelouse et paraître, saisissante de maigreur et de pâleur; c'est avec tante Clara que, par le trou de la serrure, nous voyons Thérèse sourire en se tournant vers son mari; avec Anne que nous la dévisageons : « Dans cette figure, qu'on eût cru rongée, Anne reconnaissait bien ce regard dont l'insistance naguère l'irritait. Elle se souvient qu'elle lui disait... » (p. 163).

Il y a même des scènes - rares il est vrai - d'où Thérèse est totalement absente, des événements qu'elle ne connaîtra pas, des paroles qu'elle n'a pu entendre. Ainsi l'épisode où Bernard reconduit tante Clara dans sa chambre, ou les propos échangés sur son compte par les Balion, ou les réflexions du docteur Pédemay à sa femme. Chose plus étonnante, des scènes semblables figurent dans les chapitres où Thérèse songe à son passé : se mêle à ses souvenirs le rappel de propos qui n'ont pu être tenus devant elle; on imagine mal en effet qu'on lui ait dit, que le jour de son mariage elle parut

« laide et même affreuse » (p. 44); et Mauriac nous avertit lui-même que Monsieur et Madame de la Trave ne disent pas tout devant elle : « Ils attendaient que Thérèse eût quitté la salle, pour se demander l'un à l'autre.... » (p. 65). En rapportant ces propos, ces conversations, le romancier, délibérément, intervient pour compléter notre information et mieux éclairer le drame.

Ainsi apparaît complexe la composition de cette narration, qui ne s'organise pas totalement selon un seul point de vue. L'unité pourtant du récit n'en est à aucun moment compromise, parce que Thérèse ne cesse d'être l'objet de l'intérêt : quand ce n'est pas elle qui voit, c'est elle qu'on voit; et lorsqu'elle n'est pas présente à une conversation, c'est d'elle que l'on parle, elle qui occupe toutes les pensées.

4 L'histoire d'un monstre

« Seigneur, ayez pitié, ayez pitié des fous et des folles ! O Créateur ! peut-il exister des monstres aux yeux de celui-là seul qui sait pourquoi ils existent, comment *ils se sont faits*, et comment ils auraient pu ne pas se faire ?... »

CHARLES BAUDELAIRE,
cité par Mauriac en tête de l'avant-propos, p. 5.

POURQUOI THÉRÈSE A-T-ELLE VOULU TUER BERNARD ?

• *L'affaire Desqueyroux*

Thérèse Desqueyroux se présente d'abord comme une chronique judiciaire. Sans doute l'affaire Desqueyroux est-elle close avant même que commence le roman : à la première page, Thérèse sort libre du Palais de Justice où vient d'être prononcé le non-lieu ; elle ne comparaîtra pas en Cour d'Assises. Pourtant une menace subsiste. Le non-lieu, encore officieux, sera confirmé, nous n'en doutons pas ; l'avocat sur ce point rassure Monsieur Larroque : « Les carottes sont cuites » (p. 8). Mais « on peut toujours découvrir un fait nouveau », une « preuve inédite » (p. 8, 125, 126) : ce paquet de poisons, par exemple, encore caché dans une vieille pèlerine au grenier. Tant qu'il n'y a pas prescription, le sort de Thérèse dépend de son mari et de sa famille : qu'ils ne voient plus intérêt à étouffer le scandale, que cesse la complicité du silence, alors l'instruction pourrait être reprise, jusqu'à ce que lumière et justice soient faites.

L'influence de Monsieur Larroque, la déposition apaisante de Bernard, le retrait complaisant de sa plainte par le docteur Pédemay, l'habileté de l'avocat qui a su diriger Thérèse et Bernard, l'entente de la victime et de l'assassin s'associant pour tromper le juge, il a fallu tous ces efforts, cette présence d'esprit, cet acharnement, pour sauver Thérèse. Tout cela pour lui éviter d'être cette femme dans le box des accusés, dévisagée par les jurés et le public, semblable à celle que Mauriac adolescent aperçut « dans une salle étouffante d'assises » (avant-propos, p. 5), « maigre empoisonneuse entre deux gendarmes » *(Le Romancier et ses personnages)*, ou à cette autre, inculpée d'un double meurtre avec préméditation, dont plus tard il retracera et commentera le procès dans *L'affaire Favre-Bulle.*

Le procès de Thérèse n'a pas eu lieu. Mais l'affaire est allée assez loin pour que nous puissions entrevoir l'appareil de la justice, et les silhouettes de quelques-uns de ceux qui la servent : l'avocat Duros, plus soucieux de politique que de sa cliente, mais satisfait de son succès, et faisant valoir son mérite; le juge d'instruction, dont le souvenir hante Thérèse : derrière son tapis vert, c'est lui encore qui lui apparaît en ses cauchemars, qui l'interroge, la presse, la traque comme un gibier, éclate de rire de la voir confondue. Ailleurs quelques images résument un fait divers dont elle fut en partie témoin : les gendarmes sur la piste d'un assassin, puis le misérable ligoté sur une charrette de paille; le départ enfin pour le bagne : « On disait qu'il était mort sur le bateau avant d'arriver à Cayenne » (p. 137).

• *La justice familiale*

Le témoignage de son mari a sauvé Thérèse. Mais elle n'a été enlevée à la justice de tout le monde que pour être livrée à la justice des siens. Sans témoins, sans défenseur, sans qu'on lui permette de parler, dans le huis clos du salon d'Argelouse, dans sa propre maison, elle va comparaître devant son mari. La famille a déjà délibéré, elle a pesé et arrêté sa sentence. La conviction du juge est faite. Il n'a pas besoin d'explication, parce qu'il connaît la raison du crime : Thérèse a voulu le déposséder de ses pins.

C'est à la fin seulement du roman, au moment où Thérèse et lui se séparent, que, moins sûr de cette explication, troublé et curieux, intéressé à nouveau par ce passé qu'il croyait « réglé », Bernard pose la question essentielle, « celle même qui fût d'abord venue à l'esprit de Thérèse si elle avait été à sa place » : « Thérèse... je voulais vous demander... je voudrais savoir... pourquoi vous avez fait cela? » (p. 173, 174).

Pourquoi Thérèse a-t-elle voulu le tuer? Bernard manque de l'imagination et de la patience nécessaires pour suivre Thérèse dans le dédale de ses souvenirs, sur le chemin tortueux de ses pensées, de ses désirs, de ses tentations. Il veut tout de suite des faits, des gestes, une réponse rapide et simple. Autant dire qu'il ne saura rien.

• *La lumière de la conscience*

Ce chemin compliqué et incertain qui l'a menée à son acte, Thérèse s'est efforcée, elle, de le reconnaître, obstinément, à tâtons, revenant sur ses pas chaque fois qu'elle se trompait, cette nuit de son retour à Argelouse. Elle s'est penchée sur son passé pour y chercher la réponse à cette même question : pourquoi a-t-elle voulu tuer? Car ce crime dont on la charge, elle-même ne le connaît pas : comment en saurait-elle la raison? « Je ne sais pas ce que j'ai voulu »; il lui semble qu'a agi en elle une « puissance forcenée » étrangère à sa volonté (p. 22). Plus tard, quand Bernard enfin l'interroge, elle croit découvrir cette raison : « J'allais vous répondre : « je ne sais pas pourquoi j'ai fait cela »; mais maintenant peut-être le sais-je, figurez-vous ! Il se pourrait que ce fût pour voir dans vos yeux une inquiétude, une curiosité - du trouble enfin, tout ce que depuis une seconde j'y découvre » (p. 175). « Peut-être... Il se pourrait que... » : point de certitude en cette simple hypothèse, rien qui ressemble à la solution exacte du problème.

Les hommes ont jugé Thérèse et ne l'ont pas reconnue coupable; son mari l'a jugée et condamnée; mais Thérèse est soumise aussi au jugement de sa conscience. Conscience toute raisonnable, qui ne se mêle pas de décider du bien ou du mal, mais seulement de distinguer le vrai et le faux; exigence de clarté, lucidité sans complaisance : « Sa conscience est son unique et suffisante lumière » disait d'elle, au lycée, une de ses maîtresses (p. 26). C'est de cette lumière que Thérèse tente d'éclairer dans ses ténèbres son acte monstrueux. Elle va partir des temps les plus lumineux de sa vie, de ces étés d'Argelouse où elle était encore un « jeune être radieux », un « ange », mais « plein de passions » (p. 26), capable de trouver plaisir à faire souffrir et à souffrir : dans la pureté de l'enfance, le regard impitoyable de Thérèse dénonce déjà les germes de son mal.

• *Anne*

Tandis qu'elle cherche comment ces germes ont pu croître, Anne d'abord lui apparaît : « Les êtres les plus purs ignorent à quoi ils sont mêlés chaque jour, chaque nuit, et ce qui germe d'empoisonné sous leurs pas d'enfants » (p. 21). L'insatisfaction, la jalousie, la haine enfin et la fureur de détruire, voilà ce qu'Anne, à son passage, a fait lever d'empoisonné dans le cœur de Thérèse.

Les longues promenades avec Anne, les haltes silencieuses dans la palombière, les après-midi d'attente dans l'ombre du salon, toute « cette trouble lueur de joie » (p. 34) qui lui était donnée par la présence de son amie, était devenue trop nécessaire à Thérèse pour qu'elle ne fût pas désemparée, lorsque Anne s'en allait, la laissant à une solitude soudain plus sensible, sans marquer d'impatience de la revoir : « Anne préférait ne pas revenir; rien ne l'en eût empêchée sans doute; mais pourquoi se voir tous les jours? » (p. 37). Entre Anne la raisonnable et Thérèse la passionnée, l'amitié est mal partagée. C'est toujours Anne qui, la première, rompt leur silence ou leur inaction, met fin à ces moments de bonheur muet dont Thérèse ne se lasse pas : « Et Anne parfois se levait pour voir si la chaleur était tombée... » « Anne, la première, s'étirait - impatiente de tuer des alouettes au crépuscule » (pp. 35, 36). A chaque départ d'Anne, une étrange angoisse envahit Thérèse, faite d'indistincte souffrance, peut-être celle de savoir qu'elle n'est pas tout pour Anne comme Anne est tout pour elle.

Pourtant, quand Thérèse maintenant pense à elle, elle sait que cette amitié ardente, qui donnait tant de prix à ces journées de vacances, Anne ne la justifiait en rien. La gracieuse jeune fille n'avait été que l'objet dérisoire d'une passion sans emploi. Le jour de son mariage, regardant la joie d'Anne,

Thérèse découvrait soudain l'insignifiance de son amie. Ignorance, frivolité, cruauté, sécheresse de cœur, voilà ce que cachait la gentillesse de la « chère petite idiote », de la « couventine à l'esprit court » (p. 50). Peut-être faut-il voir en cette déception la source de la rage qui saisit Thérèse quand elle apprend qu'un autre a fait jaillir en cette trop sage jeune fille une passion brûlante, qu'un autre a su trouver le chemin de son cœur, qu'à un autre a été donné de connaître la véritable Anne de la Trave, que Thérèse a toujours ignorée. Impression d'avoir été trompée, trahie? Son premier mouvement est de détruire Jean Azévédo, du moins en image : « J'ai pris l'épingle, j'ai percé la photographie de ce garçon à l'endroit du cœur - non pas furieusement, mais avec calme et comme s'il s'agissait d'un acte ordinaire; aux lavabos, j'ai jeté la photographie ainsi transpercée; j'ai tiré la chasse d'eau » (p. 54). Étrange conduite, et premier meurtre de Thérèse, un meurtre en effigie. Meurtre passionnel apparemment, né d'une amitié déçue, d'un mouvement de jalousie, et de la souffrance surtout de voir éclater chez Anne une joie amoureuse qui lui est refusée.

Le rôle qu'elle va jouer désormais entre Anne et Jean n'est pas moins criminel dans ses intentions : il s'agit de détruire encore, de briser la passion d'Anne, de lui prouver « que le bonheur n'existe pas » (p. 61); de la désespérer autant qu'elle désespère elle-même; de la ramener jusqu'à elle, ou du moins jusqu'à la même vie médiocre. Elle va accomplir cette tâche sans haine et sans fureur, comme un devoir, méthodiquement, adroitement, au nom de la famille. Thérèse révèle dans son entreprise de grandes qualités manœuvrières : elle est diplomate, elle est stratège; patiente et persévérante; impitoyable; ne pleurant que sur sa propre souffrance.

D'un souvenir de cette période, Thérèse instinctivement s'écarte, s'efforce de ne pas le voir ou veut le croire secondaire : « Je n'ai pas de temps à perdre sur des pistes qui ne mènent à rien » (p. 97). Cette résistance doit nous paraître significative : la force que met Thérèse à reculer devant ces images mesure l'importance de ce qui s'est passé. La lettre de rupture qu'elle a écrite avec Jean, en voici devant elle le résultat : Anne, folle de douleur, courant de nuit à Vilméja, frappant des poings à la porte, s'effondrant sur le seuil de la maison déserte d'où Jean depuis deux jours est parti. Ce coup qu'elle a porté à distance, presque distraitement, Thérèse en a sous les yeux les plaies. Elle ne sera plus jamais la même : parce qu'il n'est plus d'entente possible entre Anne et elle; mais surtout parce qu'elle vient de comprendre de quel mal elle est capable.

• *Jean*

Jean Azévédo occupe lui aussi une place essentielle dans cette histoire d'un crime. N'a-t-il pas fourni à Thérèse les arguments qui justifieraient son acte ? Que pouvait en effet signifier pour elle cette invitation, réitérée, à la délivrance ? A quoi ne pouvait pas la conduire cette sorte de défi : « Il me donna rendez-vous dans un an, plein de l'espoir, me disait-il, qu'à cette époque je saurais me délivrer » (p. 96) ? Plus tard, Thérèse reconnaîtra la faiblesse de cette morale faussement parée d'héroïsme ou d'un mysticisme de mauvais aloi, la pauvreté de ce nietzschéisme sommaire : « être soi-même » (p. 94), oser devenir ce que l'on est. Mais dans l'instant où elle l'écoutait, éblouie, cette provinciale, ignorante des lieux communs de l'intelligentsia parisienne, se laissait séduire par la nouveauté de pensées qui bouleversaient son univers et exaltaient sa soif de liberté.

L'éducation laïque de Thérèse l'avait bien, pour sa défense, armée de quelques maximes : « Je me rappelle avoir opposé au garçon qu'il parait de phrases habiles le plus vil consentement à la déchéance. J'eus même recours à des souvenirs de lectures morales qu'on nous faisait au lycée » (p. 94) : mais que peuvent, contre la tentation, les formules d'une sagesse pour dissertations ? Il a manqué à Thérèse un secours, et sans doute, dans la pensée de Mauriac, est-ce le secours de Dieu. Il n'est pas excessif de considérer Jean Azévédo comme une figure diabolique. Nous savons que Thérèse, revenant sur cette importance que d'abord elle lui a accordée, minimisera ensuite l'effet de cette rencontre : « Cette importance qu'il lui avait plu d'attribuer aux discours du jeune Azévédo, quelle bêtise ! Comme si cela avait pu compter le moins du monde ! » (p. 135). Et il est bien vrai qu'il n'a jamais prétendu l'inciter au meurtre, et que toute sa pauvre philosophie n'a eu de prestige que celui que Thérèse lui a prêté. Dans ses paroles, elle a entendu l'écho de sa propre pensée; mais elle a cru ainsi comprendre qu'elle n'était plus seule, qu'une famille selon son cœur lui était ouverte, cette « élite nombreuse » (p. 89) à laquelle Jean appartenait, toute adonnée aux plaisirs de l'esprit et de l'amitié : il lui suffisait, pour la rejoindre, de s'évader. Non, Jean n'a réellement rien appris à Thérèse; mais il l'a encouragée dans sa révolte.

Plus grave peut-être a été pour elle, après ce compagnonnage intellectuel, le départ de Jean, puis sa négligence à répondre à la lettre qu'elle lui adresse. Le bavardage du jeune homme cesse d'un coup, et le silence d'Argelouse retombe. C'est alors que la présence de Bernard lui devient insupportable. Elle lui accordait quelque finesse, de l'instruction, un esprit juste; elle l'estimait « très supérieur à son milieu » (p. 81). Mais de la comparaison avec Jean, Bernard sort dégradé : elle ne voit plus en lui que la vulgarité des manières, que la médiocrité des pensées; il n'est plus qu'un être sans esprit, sans âme, il n'a plus de présence que physique. Elle le voit ôter ses bottes, manger lentement, « tendre à la flamme ses pieds chaussés de feutres » (p. 95), s'assoupir sur son journal; elle l'entend ronfler, nasiller; elle remarque sa corpulence. Une étonnante métamorphose s'accomplit : l'image de Bernard se déforme, certains traits s'exagèrent, deviennent grotesques ou odieux : « Bernard prenait une réalité affreuse » (p. 109). Tout se simplifie monstrueusement. Elle n'a plus devant elle qu'un animal encombrant, une sorte d'affreux chien de garde dont il lui faut se débarrasser, un obstacle à sa liberté qu'il lui faut écarter : parce que cette liberté lui apparaît sacrée; sans doute est-ce ce qu'elle veut dire quand elle affirme : « Je cédais à un affreux devoir. Oui, c'était comme un devoir » (p. 178).

• *Le meurtre*

Rien n'est pourtant simple avec elle : cette obsession presque délirante s'accorde avec la longue patience, la minutie, les ruses, la dissimulation parfaite qu'elle montre dans l'accomplissement de son dessein. Une part de folie, et une part de raison, tel est le lot de Thérèse, comme sans doute de chacun. Mais la folie n'est pas moins aiguë chez elle que la raison, et c'est ce qui fait sa monstruosité. Une part aussi de volonté et une part de fatalité, dans son crime, comme sans doute dans la plupart des crimes. Mais ces deux parts sont dans le sien inextricables, si bien que chaque geste apparaît selon l'éclairage, tantôt comme prémédité, tantôt comme exécuté à son insu.

Le premier geste meurtrier, c'est Bernard qui l'accomplit; la seule responsabilité de Thérèse est de n'être pas intervenue quand il forçait la dose d'arsenic, de ne pas lui avoir répondu quand il demandait s'il avait déjà pris ses gouttes - mais il n'a pas attendu la réponse -; de s'être tue « par paresse, sans doute, par fatigue » (p. 112); même mutisme, sans raison apparente cette fois, devant le médecin appelé la nuit; et ce silence - cette absence de Thérèse - est son premier acte criminel : « L'acte qui... était déjà en elle à son insu, commença alors d'émerger du fond de son être - informe encore, mais à demi baigné de conscience » (p. 113). Thérèse donne naissance à son crime, comme à un être qu'elle a porté, mais maintenant autonome, doué d'une volonté propre, assez puissante pour la soumettre, assez rusée pour se faire accepter. Elle n'y voit d'abord que « curiosité un peu dangereuse à satisfaire » (p. 113); une sorte de vérification expérimentale en somme, pour constater si les mêmes causes ont bien les mêmes effets : versant le poison dans le verre, Thérèse répète : « Une seule fois, pour en avoir le cœur net » (p. 113). Puis il n'y a plus rien qu'un long vertige, qu'une chute à pic : « Elle s'est engouffrée dans le crime béant; elle a été aspirée par le crime » (p. 115). Formules où la responsabilité de Thérèse est à la fois affirmée et niée : sans doute est-elle coupable de s'être approchée du crime : on ne s'expose pas impunément au vertige. Mais le crime a une réalité extérieure à Thérèse; il est un piège où elle se prend; un tourbillon trop près duquel elle a imprudemment navigué; ou si l'on veut, un dieu mauvais qui fait d'elle sa proie.

• *Thérèse et Phèdre*

Dans sa *Vie de Jean Racine* (1928), Mauriac a consacré quelques pages remarquables au personnage de Phèdre. Thérèse et Phèdre ont bien des points communs. Dans le visage que Mauriac prête à l'héroïne racinienne, dans « sa figure morte, ses lèvres sèches, ses yeux brûlés qui demandent grâce », nous reconnaissons Thérèse. L'une et l'autre sont de ces êtres « qui savent ne pouvoir rien attendre ni espérer, exilés de tout amour, sur une terre déserte, sous un ciel d'airain ». Bernard, qui dans sa suffisance de juge ferait plutôt songer à Thésée, a été, dans son adolescence, un « Hippolyte mal léché - moins curieux des jeunes filles que du lièvre qu'il forçait dans la lande » (p. 33). Parfois le souvenir de la tragédie est assez fort pour qu'une phrase de Mauriac fasse entendre un vers de Racine : « Que lui dirait-elle? Par quel aveu commencer? » (p. 22) rappelant Phèdre devant Œnone : « Ciel ! que lui vais-je dire, et par où commencer? »

Comme Phèdre, Thérèse mesure la difficulté d'un aveu nécessaire, mais presque impossible, parce qu'aucun récit dans sa cohérence ne peut rendre compte de l'extrême confusion des pensées, des désirs, des souvenirs, des intentions, qui peu à peu ont composé l'acte. Il est également impossible de trouver le commencement d'un acte : « Notre destin, quand nous voulons l'isoler, ressemble à ces plantes qu'il est impossible d'arracher avec toutes leurs racines ». Il faudrait remonter jusqu'à l'enfance. « Mais l'enfance est elle-même une fin, un aboutissement » (p. 25) : l'aboutissement de toute une hérédité que Thérèse sait peser sur elle. Elle a hérité des maisons et des terres qui ancrent son existence en ce pays; elle a hérité des passions de ses pères, de leur amour de la terre et des pins : « Elle avait toujours eu la propriété dans le sang » (p. 40); son refus du « morne destin commun » (p. 93) répète celui de sa grand-mère maternelle, de cette Julie Bellade « dont nul ne savait rien, sinon qu'elle était partie un jour » (p. 11). Si elle ne peut s'écrier comme Phèdre : « Je péris la dernière et la plus misérable », c'est seulement parce qu'elle laisse une fille, cette petite Marie, à qui elle lègue un destin à remplir « dont pas un iota ne sera omis » : « lois du sang, lois inéluctables » (pp. 138, 139).

Soumise aux pressions de l'hérédité, entraînée par cette force inconnue qui est en elle et qui lui fait horreur, incapable de ne pas commettre des actes qu'elle ne veut pas et ne comprend pas, et pourtant lucide et maîtresse d'elle-même, ne cédant jamais à la colère, encore moins à la fureur, armée d'une méchanceté froide et précise, Thérèse, comme Phèdre, apparaît contradictoirement coupable et innocente.

POURQUOI THÉRÈSE A-T-ELLE ÉPOUSÉ BERNARD ?

• *Les raisons d'un mariage*

Pourquoi Thérèse a-t-elle épousé Bernard ? Et surtout, pourquoi a-t-elle voulu l'épouser ? Car Bernard ne lui a pas été imposé ; ce garçon raisonnable, toujours maître de lui, n'a même guère montré d'empressement. Sa mère n'a pas ménagé ses critiques à l'adresse de la jeune fille : une éducation laïque, une grand-mère scandaleuse, un père qui pense mal. Monsieur Larroque de son côté apprécie peu les la Trave, qu'il évite ; les rencontre-t-il à quelques repas de famille, la conversation tourne bientôt à la querelle. Ce mariage, il est vrai, a pourtant répondu au vœu des deux familles : les propriétés de Thérèse et de Bernard se joignaient ; comment ne pas songer à les confondre ? Aussi Monsieur Larroque s'est-il réjoui de voir les vacances à Argelouse rapprocher Thérèse de Bernard. Et Madame de la Trave escomptait bien des avantages pour son fils d'une alliance avec les Larroque : « le père Larroque pourrait le servir », « il a le bras long » (pp. 32, 39). L'intérêt commandait ce mariage et l'emportait sur les principes. Mais il reste certain que l'attitude de Thérèse, « en adoration devant Bernard » (p. 39), a été déterminante : son impatience a hâté un mariage auquel on ne l'aurait sans doute pas contrainte.

Pourquoi donc Thérèse Larroque a-t-elle voulu devenir Thérèse Desqueyroux ? Se penchant sur les années de leur adolescence et sur le temps de leurs fiançailles, elle cherche ce qui distinguait Bernard aux yeux d'une jeune fille comme elle, intelligente, raisonneuse, aimant la réflexion et la lecture. Ce garçon qui n'était « point si laid » (p. 33), était aussi plus fin que les autres ; il avait fait des études, vécu à Paris, voyagé. Nul trouble cependant chez elle : aucun émoi des sens ou du cœur ; ni même entre eux d'affinité intellectuelle. Si l'empressement de Thérèse n'est point amoureux, quelles en sont alors les raisons ? Ce mariage faisait d'Anne sa belle-sœur, et la liait plus étroitement à elle : mais la « joie puérile » (p. 39) de ce rapprochement lui semble aujourd'hui avoir été celle d'Anne et non la sienne. A-t-elle épousé Bernard par intérêt ? Elle était plus riche que lui ; pourtant c'est bien par ces hectares de pins dont il était le maître, que Bernard la séduisait ; l'ambition de dominer « sur une grande étendue de forêt » l'a jetée vers lui. Elle a cédé à un mouvement de passion, mais une passion de femme de la lande, qui a « la propriété dans le sang » (p. 40).

Comme lorsqu'elle s'interroge sur les mobiles de son crime, Thérèse cherchant à préciser les raisons de son mariage est amenée à descendre toujours plus profondément en elle, à deviner, derrière les causes les plus apparentes, d'autres plus réelles, derrière les sentiments nettement dessinés, des impulsions secrètes : « Mais Thérèse avait obéi peut-être à un sentiment plus obscur qu'elle s'efforce de mettre à jour » (p. 40). Non qu'il faille écarter les raisons précédentes : chacune a joué, pour sa part. Mais la raison plus forte, plus vraie que toutes les autres, la voici, trouble et confuse : « elle s'incrustait dans un bloc familial, « elle se casait » ; « elle entrait dans un ordre. Elle se sauvait » (p. 40) ; on ne peut désigner que de façon tâtonnante, par des métaphores, le besoin qui l'a poussée. Une peur irraisonnée l'a portée vers Bernard. Ce garçon au corps un peu lourd, à l'esprit solide, aux goûts simples, sûr de lui, fort de ses traditions, de sa famille, de ses propriétés, lui a paru l'homme le plus propre à lui assurer une sécurité qui lui manquait. Cette hâte à l'épouser a manifesté chez cette jeune fille, dont l'intelligence et l'esprit moqueur intimidaient, une profonde faiblesse. Elle s'est mariée comme on appelle au secours, pour que cesse son angoisse, pour qu'on l'ôte à sa solitude et qu'on la sauve de l'aventure. De ses fiançailles, cette image lui est restée : Bernard enserrant sa petite tête de ses grandes mains, et disant contre son oreille : « Il y a là encore quelques idées fausses. » Elle avait répondu : « A vous de les détruire, Bernard » (p. 41).

- *La vie conjugale de Thérèse*

A cette attente de Thérèse, comment Bernard a-t-il répondu ? Le jour même des noces, l'angoisse a saisi la jeune femme, l'arrachant à la fausse paix qu'elle vient de connaître : l'angoisse d'être désormais pour son mari non celle qu'on aime, mais celle qu'on utilise, qui est faite pour donner du plaisir ou des enfants.

Une « auge » où un jeune porc renifle de bonheur ; une noyée dont le corps est rejeté sur une plage ; une proie (pp. 46,

47, 59); ce sont les images qui viennent à l'esprit de Thérèse. Entre les bras, sous les caresses de son mari, elle a été un objet, un cadavre, une victime. « Enfermé dans son plaisir » (p. 46), Bernard n'a chaque fois, retrouvé sa femme qu'au terme de ce plaisir; étonné qu'elle montrât si peu le sien, incapable d'imaginer qu'elle en pût être privée. La possession, loin de découvrir à Thérèse la volupté, l'enfonce en sa solitude; étrangère au délire de Bernard, elle voit avec stupeur le désir, le plaisir, le changer en un monstre, en un fou qui lui fait horreur. Triste expérience qui fait de leur mariage, dès lors, un échec.

Peut-être n'y avait-il là rien d'irrémédiable; méthodique en amour comme en tout ce qu'il fait, Bernard aurait pu s'appliquer à éveiller en sa femme la sensualité. Encore aurait-il fallu qu'il la comprît froide, apeurée ou rebutée par ses gestes. Mais il ne cherche pas à comprendre. Il se montre, en ces premiers jours de leur mariage, tel qu'il a été et qu'il sera toujours : « celui qui ne s'est jamais mis, fût-ce une fois dans sa vie, à la place d'autrui; qui ignore cet effort pour sortir de soi-même » (p. 123). Encore aurait-il fallu aussi que Thérèse manifestât son inquiétude, sa déception : mais, par un curieux instinct, elle a aussitôt employé toutes ses forces à « ne pas se trahir » (p. 45), à cacher sa souffrance, mimant le désir et le plaisir pour ne pas donner l'éveil, trouvant sa seule joie à bien mentir. Or ce mensonge l'éloigne davantage encore. L'égoïsme de Bernard, la dissimulation de Thérèse, rendent insoluble leur incompréhension. De ce qu'elle a subi avec répugnance, Thérèse ne souhaitera plus qu'être délivrée, et verra avec soulagement Bernard renoncer bientôt à un « exercice » qu'il juge « dangereux pour son cœur » « Dieu merci, il ne l'approchait plus » (p. 76). La présence même de Bernard auprès d'elle dans le lit conjugal, l'encombrement de ce grand corps et sa chaleur, la gênent et la tiennent éveillée; elle l'écarte, elle se tient le plus loin de lui, « sur l'extrême bord de la couche » (p. 59).

Ce que Bernard attend encore de Thérèse, c'est un fils, qui perpétuera le nom et sera « le maître unique de pins sans nombre » (p. 62). A peine a-t-il noté les premiers signes d'une grossesse, qu'il porte sur Thérèse un regard nouveau, plein de respect et d'admiration; il l'entoure dès lors de soins. Mais ces attentions de son mari, comme celles de ses beaux-parents, ne font que blesser Thérèse : elle sait qu'elles ne prouvent ni amour ni affection, puisqu'elles ne s'adressent pas à elle, mais à l'enfant qu'elle va mettre au monde; « vase sacré », « réceptacle de leur progéniture », elle a cessé à leurs yeux de compter en elle-même. Comme elle était ignorée dans l'amour, Thérèse est niée dans la maternité : « Je perdais le sentiment de mon existence individuelle » (p. 104).

• *L'étrangère*

Elle a voulu se marier pour être comprise, aidée, regardée, écoutée. Mais dans cette famille où la voici enfermée, dans « cette cage tapissée d'oreilles et d'yeux » (p. 59), il n'est pas un regard pour elle, personne qui cherche à la voir telle qu'elle est, pas une oreille pour écouter ce qu'elle essaie de dire. Madame de la Trave en a fait un principe : toute parole de Thérèse qui l'étonne ou la choque, elle la considère comme une boutade : « Je fais semblant de ne pas entendre », dit-elle (p. 107). Bernard de son côté a bien vite jugé les propos de sa femme : jeux d'esprit, paradoxes auxquels elle se complaît cherchant à le faire « grimper », simples moqueries; rien de sérieux : « Je ne te répondrai pas : quand tu te lances, le mieux est d'attendre que ce soit fini » (p. 58). Le mieux est d'ignorer tout ce qui en Thérèse n'est pas conforme à ce qu'on exige d'elle. Ainsi, bon gré mal gré, la voici réduite au patron commun de toutes les femmes de sa société, qui n'ont que de saines idées et qui se dévouent totalement à leur mari et à leurs enfants. « Mais moi, mais moi... » (p. 165) : Thérèse a beau protester de sa différence, s'obstiner à être elle-même, peine perdue; personne ne songe à elle que pour déplorer qu'elle fume tant, qu'elle ne tricote pas, qu'elle ne change pas les couches de sa fille et qu'elle n'ait pas la foi; fâcheuses irrégularités que la famille n'a pas réussi à effacer. Rectifier les pensées de Thérèse, détruire ses idées fausses, la rendre plus simple, la ramener aux justes principes, voilà en effet ce que Bernard et sa famille ont voulu. De même qu'ils se sont employés - bien secondés par Thérèse - à réduire la passion d'Anne et à la mettre à la raison, ils ont entrepris de dresser Thérèse comme on dresse un chien, ou comme on apprivoise un animal sauvage. « Monsieur Bernard s'y connaît pour dresser les mauvais chiens », dit Balionte avec admiration (p. 159); et Bernard ne renoncera à garder Thérèse que le jour où il sera convaincu qu'elle est décidément indocile et dangereuse, comme « cette laie qu'il n'avait pas su apprivoiser » (p. 169).

Hors l'amour des pins, qu'ils partagent, tout sépare cet homme et cette femme. Ils n'ont en commun aucun langage, ni celui des mots : « Ils donnaient aux mots essentiels un sens différent » (p. 107), ni celui des gestes : les façons de faire de Bernard déplaisent à Thérèse et celles de Thérèse - ainsi sa manière d'allumer une cigarette - choquent son mari; ni le langage des corps. Leurs mondes, totalement étrangers, s'excluent. Pour chacun d'eux, l'autre est égaré, hors de la « voie ». Cette opposition deviendra irréductible après le crime : elle le voyait dans l'amour comme un « fou », un « épileptique »; elle est maintenant à ses yeux une « folle », une « détraquée », une « maniaque » (p. 172, 177, 178).

• *La maternité*

Pendant quelques mois pourtant, pendant le temps de l'instruction, un accord se fait entre Thérèse et son mari, soudain rapprochés par la commune volonté d'éviter à tout prix un procès en Cour d'Assises. Cette entente si surprenante, et si parfaite, qu'une rencontre d'intérêts ne suffit pas à justifier, Marie en est la vraie raison, Marie qu'il faut sauver du déshonneur. Voici pour la première fois les époux « unis dans une seule chair - la chair de leur petite fille Marie » (p. 14). Quand il faudra ensuite trouver une explication avouable de l'isolement de Thérèse, c'est encore la pensée de Marie qui les détermine : il importe que la raison invoquée ne lui soit pas préjudiciable.

« Unis dans une seule chair - la chair de leur petite fille Marie » : cette expression suppose chez Thérèse un souci de sa fille, une tendresse physique même, un sentiment charnel de sa maternité. Or Thérèse ne manifeste à aucun moment de son aventure le moindre attachement à son enfant. La maternité est pour elle un échec aussi évident que son mariage. Échec moins désastreux seulement, parce que Thérèse n'a rien espéré de cette maternité.

Elle semble subir sa grossesse comme une servitude supplémentaire. « Il vaut mieux l'avoir tout de suite, dit

Bernard, après, on n'aura plus à y penser » (p. 62) : voici Bernard déchargé d'un souci; mais pour Thérèse commencent de nouveaux tourments. D'abord sa solitude s'accroît, puisque les autres ne voient plus en elle que cet enfant qui va naître. Puis, dès qu'elle le sent bouger en son corps, elle est saisie de peur devant les premières manifestations de cette vie inconnue, et à la pensée de tout ce qu'elle communique malgré elle à cet être encore informe, de ces passions qui le pénètrent et dont elle l'empoisonne. Une sorte de prière monte de son cœur : elle voudrait que l'existence soit refusée à cet enfant. La naissance de Marie, dans les souvenirs de Thérèse, est un événement tout à fait effacé; délivrée de la gêne physique, et de la peur de mourir en couches comme sa mère, Thérèse n'éprouve aucun soulagement. Elle constate seulement que la vie lui devient alors, plus qu'avant, insupportable. Plus rien ni personne ne semble l'intéresser; elle abondonne sa fille aux soins d'Anne et de la bonne. « Le bruit commençait de courir que le sentiment maternel ne l'étouffait pas » (p. 108). Tout se passe pour elle, dans les mois qui suivent, comme si l'enfant n'existait pas. Parfois elle y pense, elle en parle; mais c'est pour nier toute ressemblance entre Marie et elle : « Cette enfant n'a rien de moi, insistait-elle... Elle ne voulait pas que Marie lui ressemblât. Avec cette chair détachée de la sienne, elle désirait ne plus rien posséder en commun » (p. 108).

A quoi peut donc rêver Thérèse, quand - ainsi que l'a vue Madame de la Trave - elle reste « des soirées entières, assise auprès du berceau, se retenant de fumer pour regarder la petite dormir » (p. 108) ? Peut-être, comme en cette nuit où, prête à se tuer, elle regarde encore une fois « la petite dormir », songe-t-elle avec désespoir à ce destin dont elle est responsable, à cette part d'elle-même qu'elle a détachée d'elle et qui va vivre selon les « lois inéluctables » de l'hérédité.

Par excès de lucidité, et parce qu'elle conçoit trop bien la vanité de cette nouvelle vie, Thérèse, incapable d'illusion et d'espérance, s'interdit les bonheurs simples que connaissent les autres mères, la joie de se pencher au-dessus d'un berceau, de prendre un tout petit dans ses bras, de s'émerveiller plus tard des progrès de son langage, de rêver à son avenir. Mais cette infirmité chez Thérèse a une autre cause encore, celle même peut-être qui la rend inapte à tout bonheur : Thérèse n'est occupée que de soi, spectatrice passionnée de son seul drame. Tandis qu'Anne répète, admirative, les mots de l'enfant : « C'est tordant. Il suffit d'un coq ou d'une trompe d'auto, pour qu'elle lève son petit doigt et dise « T'entends la sisique ? » C'est un amour, c'est un chou » (p. 166), Thérèse songe : « Cela m'amuserait quelques secondes, peut-être, de l'entendre, mais tout de suite elle m'ennuierait, je serais impatiente de me retrouver seule avec moi-même... » (p. 165).

COMMENT THÉRÈSE EST-ELLE DEVENUE UN MONSTRE ?

• *L'histoire des cœurs enfouis*

Thérèse se montre impitoyable à ses victimes. Elle n'éprouve aucune compassion pour la souffrance d'Anne ; elle la voit, mais n'en est pas touchée. Elle voit souffrir Bernard, d'une agonie qui ne finit pas ; mais sa résolution, loin d'en être ébranlée, en devient plus dure : « Je ne me sentais cruelle que lorsque ma main hésitait. Je m'en voulais de prolonger vos souffrances » (p. 178). Son empressement à remplacer tante Clara, malade, auprès des pauvres gens d'Argelouse, pour qui elle achète de sa bourse des médicaments, on en devine trop bien les raisons : l'ordonnance falsifiée par Thérèse a été remise au pharmacien « en même temps que beaucoup d'autres » (p. 116). Si, dans ce même moment, elle se dépense sans compter au service des siens - « tout retombait sur la jeune femme : deux malades, un enfant » (p. 115) - c'est seulement par besoin de s'étourdir de travail tandis qu'elle accomplit sa tâche sinistre : « Elle ne pensait plus... à personne au monde » (p. 115). Même tante Clara n'a jamais existé pour elle ; Thérèse n'ignore pas l'amour que lui porte la vieille demoiselle, les soins maternels dont elle l'entoure ; elle constate son humble tendresse, mais ne lui donne aucune affection en retour : « Pas plus qu'un dieu ne regarde sa servante, je ne prêtais d'attention à cette vieille fille... elle n'aimait que moi qui ne la voyais même pas se mettre à genoux, délacer mes souliers, enlever mes bas, réchauffer mes pieds dans ses vieilles mains » (p. 82). Parfois Thérèse, désireuse d'être seule, ne lui a pas caché que sa présence l'importunait. Quand meurt la vieille femme, les gens du pays, notant que Thérèse « ne fait même pas semblant de pleurer », ne croient pas inconcevable qu'elle ait « fait le coup » (p. 141).

Thérèse cependant est moins un cœur sec, qu'un de ces « cœurs enfouis » dont Mauriac aime à conter l'histoire (p. 6). Quand, décidée à mourir, elle regarde une dernière fois sa fille endormie, et, à genoux, baise sa petite main, les « quelques pauvres larmes » qu'avec surprise elle sent couler sur ses joues révèlent au « plus profond de son être » (p. 139) une source de tendresse qui n'est pas complètement tarie. Nous avions déjà vu Thérèse pleurer, à côté d'Anne, dans l'ombre, sur le banc du jardin; c'étaient alors larmes de rage et d'envie; aujourd'hui ce sont larmes de compassion; elle s'oublie un peu, pour pleurer sur son enfant.

Elle s'oublie à peine : le destin de Marie lui paraît prolonger le sien. Mais cet instant suffit pour nous faire comprendre que la froideur, l'inattention aux autres, la méchanceté enfin, n'étaient pas le lot nécessaire de Thérèse; elle aurait pu aimer, et peut-être aurait-il suffi pour cela d'un être capable de deviner cette tendresse cachée, et d'éveiller ce cœur endormi.

Faute de ce secours, cette femme semble s'être perdue, elle est devenue un monstre. Comment tant de boue a pu succéder à la neige de l'enfance, comment un jeune visage radieux a pu se transformer en cette « face de brûlée vive », voilà le mystère effrayant qui arrête Mauriac, la question essentielle que son roman pose et tente de résoudre.

• *Une parfaite solitude*

« Condamnée à la solitude éternelle » (p. 19) : l'enfer de Thérèse, c'est elle, elle seule; elle est sa propre prison : « Je suis remplie de moi-même... je m'occupe tout entière » (p. 165). Enfer aimé; Thérèse ne s'ennuie jamais en elle-même; sa « vie terrible » la captive mieux que ne ferait un roman : « quel récit n'eût paru fade à Thérèse » (p. 24), comparé à ses souvenirs? Mais avant son crime, avant son mariage peut-être, nous devinons qu'elle était déjà tout occupée d'elle-même. Sa vie est une constante et maladroite affirmation, ou plutôt une revendication de soi. Des autres, elle guette un regard, une attention; elle veut exister à leurs yeux, être importante pour eux; mais elle entend rester libre, elle refuse d'être réduite par les autres au rôle qu'ils lui assignent. « Et moi, alors? et moi? », « Mais moi, mais moi, mais moi... » (p. 54, 136, 165) : c'est là le cri du cœur de Thérèse. Le spectacle des autres, de leur bonheur, ou de leur vie médiocre, la renvoie aussitôt à elle-même, « désintéressée... de tout drame autre que le sien » (p. 112), et provoque sa protestation : « pourquoi pas moi? » (p. 54), ou son refus. Ce prêtre lointain qu'elle aperçoit à la messe, et sur le visage duquel elle essaie de lire un secret, est le seul être pour qui elle semble éprouver une curiosité gratuite; encore peut-on penser qu'il lui offre, dans sa solitude, avec son « air de douleur », une image d'elle-même et qu'elle espère vaguement de lui un secours dans son désarroi : « Lui, peut-être aurait-il pu l'aider à débrouiller en elle ce monde confus » (p. 110, 106). Ce qu'elle aime, chez les autres, c'est ce qui lui manque et dont elle a besoin : la fraîche gaîté d'Anne, la simplicité de Bernard.

Incapable de sortir d'elle; incapable de s'ouvrir aux autres. Comment, s'ils en avaient le désir, pourraient-ils, comme elle le souhaite, la regarder, l'écouter et la comprendre? On ne lit rien dans ses yeux, on ne sait pas ce qu'elle pense, et elle ne sait pas ou ne veut pas dire son secret. « Ne pas se trahir » (p. 45) : voilà le « jeu » auquel s'entraîne Thérèse pendant son voyage de noces : duper son mari, ne pas lui laisser voir sa déception, garder pour elle seule son chagrin, ne rien livrer d'elle à l'autre. Jeu vraiment? Ou repli d'un être blessé qui cache sa souffrance? Réflexe de douleur? Réflexe de pudeur? La dissimulation semble chez Thérèse une attitude instinctive. Elle masque à son amie sa peine de ne la voir pas venir aussi souvent qu'elle le désire : « Oui, oui... surtout ne t'en fais pas une obligation : reviens quand le cœur t'en dira » (p. 37). Elle masque à Bernard l'insatisfaction de son corps. Elle ne laisse rien voir à Jean de son désarroi, de ses complications : « Que pouvait-il comprendre à cette simplicité trompeuse, à ce regard direct, à ces gestes jamais hésitants »? (p. 102). Volontairement ou non, Thérèse ne donne jamais d'elle qu'une image mensongère.

Le regard indiscret du romancier parfois surprend à découvert son vrai visage. Point de témoins : Thérèse a cessé un instant de se contraindre; ou bien la fatigue, l'émotion, l'angoisse, ont eu raison de sa volonté : une nouvelle Thérèse apparaît, étonnante. La voici dans la calèche obscure, à l'abri des curiosités : « Une jeune femme démasquée caresse doucement avec la main droite sa face de brûlée vive » (p. 19). Dans la chambre de l'hôtel parisien où Bernard vient de la laisser seule, elle se transforme soudain en « un être inconnu... une créature étrangère et sans nom » (p. 51). Le jour de son mariage, elle est changée au point qu'on la reconnaît à peine : « Elle ne se ressemblait pas, c'était une autre personne... »; le charme si particulier qu'on s'accorde à lui trouver s'est effacé comme par enchantement : elle paraît à tous « laide et même affreuse » (p. 44). Une autre fois, emportée par sa rêverie, elle laisse son visage à nu devant Bernard : « Voyons, Thérèse, ne fais pas cette figure : si tu te voyais... » (p. 58).

Pour qu'on ne lise pas davantage en elle, Thérèse « se remasque » aussitôt : elle sourit, elle compose à nouveau ses traits. Un sourire de façade, des joues et des lèvres fardées « avec minutie » (p. 184), voilà l'image soigneusement retouchée qu'elle offre d'elle ordinairement. Ses paroles ne déguisent pas moins sa pensée : le ton de moquerie qu'elle prend sans cesse, avec son mari en particulier, fait douter si elle plaisante ou si elle est sérieuse. Bernard préfère croire qu'elle s'amuse : ainsi ses propos le gênent-ils moins; mais Thérèse ne l'aide-t-elle pas à s'abuser?

Le perpétuel mensonge de son visage, de ses paroles, de son corps, comment permettrait-il à Bernard de comprendre qu'elle souffre, qu'elle est la plus démunie des femmes et la plus désemparée? Elle si assurée en apparence, si raisonnable? Il songe plus à se défendre d'elle qu'à la défendre. A peine si parfois une parole lui échappe qui étonne et qui trouble : « Elle avait demandé : « Est-ce vrai que les fougères contiennent de l'acide prussique? »... Il l'avait interrogée tendrement : « Vous avez envie de mourir? » (p. 41).

Il semble que la fumée dont aime à s'entourer Thérèse - « elle fume comme un sapeur » (p. 38) - soit aussi comme un voile, léger et mobile, dont elle enveloppe sa rêverie solitaire. Cette jeune femme que nous ne voyons jamais accomplir la moindre tâche manuelle, fume sans doute pour tromper son inaction et, peut-être, sa nervosité. Dans la chambre où Bernard l'a condamnée à vivre, Thérèse, totalement inoccupée, fume plus que jamais; sa manie déjà ancienne s'aggrave en même temps que sa solitude et son désœuvrement : « Il fallait... que la chambre baignât dans une brume qu'avait aspirée et rejetée sa bouche » (p. 155). S'emplir la gorge et le nez de cette brume, « sans cesse toucher cette petite chose sèche et chaude » (p. 154), lui procure d'abord une satisfaction sensuelle; peut-être la sensation d'une présence. Mais domine apparemment le plaisir de s'enfermer dans sa rêverie, d'estomper dans le brouillard de tabac la réalité qui l'entoure. Comment expliquer autrement que, la nuit venue, ses cigarettes ne lui soient plus nécessaires? Thérèse n'aime pas fumer dans le noir.

• *L'impossibilité d'être sincère*

Ici encore Thérèse, également coupable et victime, échappe au jugement. Le mensonge où elle se plaît lui est, de toute façon, imposé. Comment serait-elle sincère, puisque toute tentative de franchise se heurte à une immédiate répression : son mari, ses parents, s'emploient à rappeler Thérèse à l'ordre des convenances, à l'ordre de la famille; à la simplicité, à l'opinion commune, au sérieux. Se masquer, donner le change, est le seul moyen dont elle dispose pour satisfaire tant bien que mal ceux qui attendent d'elle cette totale soumission, et pour préserver ainsi la part la plus vraie d'elle-même; « je ne voulais pas jouer un personnage, faire des gestes, prononcer des formules, renier enfin à chaque instant une Thérèse qui... » (p. 178).

Cette Thérèse-là reste mystérieuse. Si on lui permettait de s'exprimer, la jeune femme pourrait-elle seulement définir celle qu'elle veut être, ces aspirations confuses, cette attente d'elle ne sait quoi? Elle que ne sollicitent ni les plaisirs de l'amour ni ceux de l'intelligence, qui rêve de tendresse plus que d'étreintes, et trouve incompréhensibles les livres que Jean lui recommande, que va-t-elle donc chercher à Paris qu'elle ne pourrait trouver à Argelouse? En cela consiste son malheur, qu'elle ne peut formuler ses désirs, et que personne ne s'intéresse assez à elle pour l'aider à les démêler et à les nommer. A l'appel indistinct qui monte de son cœur, rien ne répond, que le silence d'Argelouse.

• *Emmurée vivante*

Au moment de quitter Bernard, Thérèse découvrira que ce silence était en réalité plein de voix. Mais pendant des années elle a vécu dans un pays muet; et au milieu de sourds et d'aveugles, qui n'ont su ni la voir ni l'entendre.

« Emmurée vivante » : ainsi Mauriac désigne-t-il tante Clara (p. 122). Mais l'expression s'appliquerait aussi bien à Thérèse; et d'une certaine façon à tous les personnages de ce roman. Entre eux en effet, quelle communication sera possible? Toute conversation ressemble à celles que l'on tente d'engager avec la vieille demoiselle sourde, échanges de propos inaudibles et de réponses à côté. Encore tante Clara, bien consciente de son infirmité, fait-elle effort pour déchiffrer sur les visages, pour deviner aux mouvements des lèvres, les paroles qu'elle n'entend pas. Ainsi parvient-elle à entrevoir les drames qui se jouent autour d'elle; et son dévouement à autrui lui est une façon de s'évader d'elle-même. Mais ni Bernard, ni M. Larroque, ni les la Trave, n'ont conscience, eux, de leur surdité ou de leur aveuglement. Ils se croient bons entendeurs et clairvoyants. Ils jugent les êtres sur leur apparence, et ignorent les complications psychologiques; ils ne connaissent que des sentiments nets et bien définis : « Le plus précis des hommes, ce Bernard : il classe tous les sentiments, les isole » (p. 24). Ce qu'ils ne comprennent pas, ils le nient, ou l'estiment monstrueux. Implacables, parce qu'ils sont indifférents, et ne se donnent pas la peine de se mettre à la place des autres, qui ne les intéressent pas. Ils vivent dans l'univers étroit de leurs préjugés, parfaitement satisfaits d'eux-mêmes. En fait ils vivent à peine; d'une vie qui « ressemble déjà terriblement à la mort » (p. 77).

Le malheur de Thérèse est de vivre au milieu de ces demi-morts, trop consciente pour ignorer l'asphyxie qui la menace, et incapable d'imaginer une issue. Par quelle aberration a-t-elle pu croire qu'en épousant Bernard Desqueyroux « elle se sauvait » (p. 40)? L'emprise familiale, la docilité aux habitudes de son milieu, la tentation du moindre effort, semblent avoir contribué à jeter Thérèse dans la prison qu'elle voulait fuir.

Thérèse a perdu sa mère peu de temps après sa naissance. Monsieur Larroque a élevé sa fille selon ses principes, ou plutôt au mieux de ses intérêts. Ainsi Thérèse a-t-elle fait ses études au lycée. On imagine mal en effet cet anticlérical, soucieux avant tout de ne pas compromettre sa carrière politique, confiant sa fille à une institution religieuse. Qui le lui reprocherait ? Thérèse a fait au lycée de solides études, sous l'autorité de maîtresses attentives. On a développé son intelligence, on l'a armée d'un diplôme ; on lui a enseigné aussi une morale, toute humaine, mais exigeante et exaltante, puisqu'elle l'appelait à « réaliser en elle un type d'humanité supérieure » (p. 26) ; et Thérèse a paru si bien s'élever vers cette perfection, qu'on a pu la proposer en exemple à ses camarades.

Pourtant elle sait qu'elle n'était pas alors aussi pure qu'on le disait. Elle sait que sa conscience n'a pas été pour elle cette lumière suffisante qu'on lui promettait ; et que l'orgueil qui devait la porter l'a égarée plus qu'il ne l'a soutenue.

Pendant les vacances scolaires, Thérèse vit à Argelouse où tante Clara se charge d'elle. Monsieur Larroque trouve parfaite cette solution, qui le débarrasse de sa fille, et lui laisse bonne conscience : Thérèse se plaît à Argelouse ; et ne fait-il pas son bonheur, en la rapprochant de Bernard Desqueyroux ? Il ne s'est jamais demandé s'il était vraiment sage que la jeune fille fût, pendant ces vacances, livrée à la solitude et au silence, en la seule compagnie d'une vieille femme sourde, avec l'unique et négligente amitié d'Anne. Monsieur Larroque a trop peu d'imagination, et surtout trop peu de curiosité pour se préoccuper de cette situation, ou même la juger étonnante. S'il l'avait vue, « un peu hagarde », au bord de la route, les soirs où Anne venait de la quitter, si elle lui avait dit l'angoisse qui alors l'étreignait, sans doute aurait-il haussé les épaules, et pensé : « toutes des hystériques » (p. 38, 79).

Ce veuf irréprochable, ce « saint laïque », selon le mot de Madame de la Trave, qui n'a jamais donné à sa fille « que de bons exemples » (p. 39), que lui a-t-il apporté en fait, et à défaut d'amour ? L'exemple d'un homme supérieur ? Elle aurait voulu le croire tel, mais « dès qu'il était là, mesurait sa bassesse » (p. 79). L'exemple de son dévouement à la démocratie ? Mais Thérèse savait trop quels intérêts personnels recouvrait l'éloquence politique de son père.

Ce père lui a proposé l'exemple de son égoïsme et de son hypocrisie ; il ne lui a manifesté qu'indifférence. La morale qu'on lui a enseignée ne connaît de vertu que l'orgueil, et la laisse sans secours, abandonnée à ses seules forces, sans autre but qu'une perfection sans modèle. Élevée sans amour dans un monde sans Dieu, Thérèse a été vouée à la solitude et au désespoir.

• *Un catholicisme qui a perdu son âme*

La famille catholique où son mariage l'introduisait aurait pu lui offrir l'exemple des vertus chrétiennes, lui révéler le but surnaturel de la vie, et peut-être la conduire à Dieu. Mais il aurait fallu que ce catholicisme fût authentique, qu'il fût foi vivante et charité. Or, parce qu'il n'est pas le vrai principe de leur vie, le catholicisme des la Trave et de Bernard Desqueyroux ne les engage pas plus sérieusement que son radicalisme n'engage Monsieur Larroque. Ils ont en fait la même raison de vivre que ce dernier, le même credo : « La propriété est l'unique bien de ce monde, et rien ne vaut de vivre que de posséder la terre » (p. 80). Leur religion est tout extérieure : ils assistent à la messe dominicale, Bernard « accomplit son devoir » (p. 110), en suivant la procession de la Fête-Dieu. Au reste, aucun esprit de prière, aucune dévotion réelle, une conception mesquine de la piété, confondue avec l'onction ou avec l'exactitude des pratiques, un manque total de charité, un parfait contentement de soi.

A travers eux, Mauriac dépeint et dénonce toute une bourgeoisie provinciale, catholique par tradition, par souci de l'opinion, par obligation. En pratiquant, ces bourgeois manifestent leur appartenance à la société bien-pensante, ils se font et se sentent respectables ; ils donnent aussi l'exemple, ils aident au maintien de l'ordre : que ne peut-on craindre en effet de ceux qui pensent mal, de ceux qui ne vont pas à la messe, ou pour qui elle « ne signifie rien », de ceux qui, ayant reçu une éducation « comme celle qu'a reçue Thérèse » (p. 147, 132), n'ont pas de principes ; le Dieu de Bernard est une sorte de gendarme, ou de croquemitaine ; croire en lui, c'est craindre le châtiment ; or « la peur est le commencement de la sagesse » (p. 132).

Ce Christianisme-là s'accommode fort bien des préjugés les plus malveillants, préjugés de race par exemple : ainsi Bernard n'a que dédain pour les juifs : être juif, pour lui, c'est une maladie, comme la tuberculose. Il s'accommode tout aussi bien de l'amour de l'argent. Faire fortune, accroître cette fortune, étendre son domaine, semble au moins aussi important que faire son salut; Dieu et Mammon seront servis en même temps. A la valeur de l'argent, un hommage constant est rendu; un homme comme Bernard en sait toujours le prix; et, sans être un avare, il ne manque jamais de faire remarquer ce que lui coûte au restaurant le repas qu'il offre, le vin qu'il commande; quand il quitte Thérèse à la terrasse d'un café parisien, sa dernière parole est pour lui rappeler « que les consommations étaient payées » (p. 182) : la peur sans doute qu'elle les paye à nouveau, l'a fait revenir sur ses pas.

Ce chrétien exact mais satisfait, méprisant, intéressé, n'a montré à Thérèse qu'un catholicisme dénaturé, réduit à sa caricature, grotesque ou monstrueux. En vivant auprès de lui, Thérèse ne pouvait atteindre cette vérité que sans doute elle cherchait sans le savoir, parce qu'à travers lui cette vérité « ne rayonne plus » (*Le Nœud de Vipères*, au lecteur, p. 7). Faute plus lourde encore, il la détourne de cette vérité, il la rebute.

• *Thérèse et Dieu*

Plusieurs fois pourtant, Thérèse semble comme engagée sur son chemin de Damas. L'on sent que peu de chose suffirait pour que Dieu lui apparaisse, pour que son appel informulé trouve enfin son expression et sa réponse. Non, Dieu n'est pas absent de ce monde apparemment cruel et sans amour; Il est là, tout près d'elle.

A trois moments de son aventure, Thérèse a même deviné Sa présence. Avant son crime, quand le départ de Jean la laisse en plein désarroi, étrangère au milieu des siens, elle, indifférente à tout, se prend soudain d'intérêt pour ce curé de Saint-Clair dont on parle autour d'elle sans bienveillance. Quand l'occasion lui est donnée de le voir, elle observe ses traits, ses gestes, attentive aux intonations de sa voix, aux mouvements de ses lèvres; elle guette la procession pour le dévisager, elle fréquente l'église pour l'entendre. En cet homme solitaire comme elle et comme elle différent des autres, elle devine un ami possible, qui saurait l'aider. Mais pour la première fois peut-être son propre drame cesse de l'occuper tout entière, la vie d'un autre l'intrigue : « Comment passait-il ses soirées ? Pourquoi avait-il choisi cette vie ?... Quel réconfort puisait-il dans ces rites quotidiens ?... A qui parlait-il avec cet air de douleur ? » (p. 105, 106, 110). Elle s'interroge d'abord sur l'homme ; puis sur le prêtre, et son étonnante vocation ; enfin sur le dieu qu'il sert. Tous les gestes de cet homme seul témoignent d'une invisible présence à ses côtés ; ils tournent les regards de Thérèse vers les objets humbles ou étonnants où semble se matérialiser cette présence : ce « morceau de pain » sur lequel le prêtre se courbe pour une incompréhensible adoration, « cette chose étrange » (p. 107, 110) qu'il porte des deux mains.

La peur du qu'en-dira-t-on (« on aurait crié à la conversion », p. 107) retient Thérèse d'assister aussi à la messe en semaine. Mais déjà l'église de Saint-Clair a cessé d'être pour elle cet espace étroit, étouffant, plein des bavardages des femmes et de leurs odeurs, où, le jour de son mariage, elle s'est sentie perdue. Elle est devenue le lieu où s'accomplit un mystère qu'elle ne comprend pas, mais qui l'arrête et peut-être l'attire. Après son crime, et pendant le temps de sa séquestration, la messe lui procure l'occasion de sortir quelques heures de sa prison ; la satisfaction aussi de trouver l'opinion peu à peu moins malveillante ; mais on peut penser encore que cette messe commence à prendre un sens pour elle. Un drame nouveau se joue, entre Thérèse et Dieu.

De sa place, isolée de l'assistance par un pilier qui la cache aux regards, Thérèse, encadrée par son mari et sa belle-mère, ne peut voir que le chœur de l'église ; en face d'elle l'autel, et devant l'autel le prêtre qui officie : « Cela seulement lui est ouvert, comme l'arène au taureau qui sort de la nuit : cet espace vide, où, entre deux enfants, un homme déguisé est debout, chuchotant, les bras un peu écartés » (p. 142). Lieu terrible où la créature doit affronter son dieu en un combat sans merci : Thérèse se sent acculée. Mais cet espace vide est aussi un espace de lumière au sortir de sa nuit ; et ce spectacle étrange, le seul moment de paix dans son existence désemparée ; elle ne s'abandonnera totalement que lorsque Bernard l'aura privée de cette dernière consolation.

La présence mystérieuse de Dieu révélée dans le prêtre, sensible dans l'église, se manifeste plus particulièrement encore dans le destin de Thérèse. A l'instant où le désespoir la décide au suicide, la mort de tante Clara suspend son geste et la rappelle à la vie : « Ce vieux corps fidèle... s'est couché sous ses pas au moment où elle allait se jeter dans la mort. Hasard; coïncidence. Si on lui parlait d'une volonté particulière, elle hausserait les épaules » (p. 141). Thérèse sans doute n'est pas prête à admettre une intervention surnaturelle; mais Mauriac nous invite à penser que ce pourrait en être une, et que tante Clara, en mourant à la place de sa nièce, a été l'instrument de la pitié divine. Dieu s'est servi d'elle pour exaucer la prière qui est venue aux lèvres de Thérèse : « Qu'il détourne la main criminelle avant que ce soit trop tard » (p. 140). Ce rôle providentiel, tante Clara mieux que tout autre pouvait le jouer : cette impie, en guerre « contre l'Être infini qui avait permis qu'elle fût sourde et laide » (p. 80), est plus proche de Dieu, plus croyante que ces catholiques dont le cœur est sec; elle se révolte, parce qu'elle n'a jamais accepté d'avoir été condamnée à une solitude sans amour; mais son humble et inlassable dévouement à Thérèse, et aux pauvres gens d'Argelouse, est un véritable mouvement de charité.

« Hasard; coïncidence »? Seule l'ignorance de la volonté particulière de Dieu sur chacun fait recourir à ces pauvres mots. La mort de tante Clara n'est sans doute pas plus « hasard » que cette vie vers laquelle marche Thérèse à la fin du roman, et que Mauriac ne désigne de ce mot - le dernier - que parce qu'un romancier ne peut, sans usurper la place de Dieu, et nier la liberté de Sa créature, prétendre disposer de Sa Grâce.

A l'heure même où meurt tante Clara, Thérèse hésite devant la mort : elle qui ignorait Dieu, n'est plus certaine qu'Il n'existe pas. D'un même mouvement de sa pensée, elle suppose cette existence, puis elle la reconnaît : « S'il existe cet Être... puisqu'Il existe... » (p. 140). Si Bernard lui ouvrait les bras, s'il lui disait « sois pardonnée » (p. 24), commencerait pour Thérèse, elle le sait, une nouvelle aventure, consacrée à « la recherche de Dieu » (p. 174). Mais Bernard n'a pas ouvert les bras, Bernard n'a pas su pardonner.

5 L'art du romancier

PORTRAITS

Mauriac ne dépeint guère ses personnages. Parfois il ébauche une silhouette : ainsi Monsieur Larroque, un « petit homme aux courtes jambes arquées », gesticulant au milieu de la route « dans le feu de la discussion » (p. 9, 10); ou il dessine un croquis féroce : ainsi le fils Deguilhem : « ce crâne... ces moustaches de gendarme... ces épaules tombantes... cette jaquette... ces petites cuisses grasses sous un pantalon gris et noir » (p. 163). En quelques coups de crayon un personnage de comédie vient d'être campé. Parfois encore Mauriac esquisse un portrait, mais réduit lui aussi à quelques traits frappants; voici Anne, vaincue et résignée : « Ses cheveux trop tirés découvraient de vilaines oreilles pâles » (p. 105); voici Jean Azévédo : une tête trop forte, à cause des cheveux épais; « un front construit, - les yeux veloutés de sa race, - de trop grosses joues » (p. 84), - et des boutons.

Nous savons aussi que Bernard est un grand gaillard bâti à chaux et à sable, qu'il a des bras musculeux et de fortes mains velues. Mais ces indications restent fugitives, dispersées dans le roman, jamais regroupées en un portrait composé, à la manière de Balzac. Et que savons-nous de Thérèse? Qu'elle est de plus grande taille que son père, et c'est à peu près tout. Est-elle brune, blonde ou rousse? Comment se coiffe-t-elle, s'habille-t-elle? Rien ne nous le dit. Mauriac est moins curieux de l'apparence physique de ses personnages, que du secret de leur cœur. Voilà pourquoi il ne dessine que ce qui peut révéler un caractère, ce par quoi un être se trahit : les attitudes du corps, le son et les inflexions de la voix; l'expression d'un visage ou d'un regard.

Bernard nous est surtout présent par sa façon de s'esclaffer ou de se rengorger, sa voix du nez, ses ongles mal tenus, ses chaussons de feutre. Thérèse reste surtout dans notre mémoire ce corps lassé qui s'abandonne aux cahots d'une voiture, cette petite tête qui cherche partout appui, contre le cuir de la calèche, contre la vitre du wagon, contre le dossier d'un fauteuil; elle est une voix moqueuse, un regard insistant, un charme inexplicable; et ce visage rongé, cette face de brûlée vive, ce masque de douleur sous lequel un regard attentif devine peut-être encore les traits purs de l'enfance.

Qui sait déchiffrer un visage, peut en effet y lire les secrets d'une aventure intérieure. Nos paroles aussi nous révèlent, à qui dans certaines habitudes de langage discerne les intentions cachées, les mécanismes de pensée, les plis de l'esprit. Il y a au théâtre des mots qui peignent l'âme, qui trahissent un caractère, et parfois le jugent. Il y a de même dans *Thérèse Desqueyroux* des propos qui éclairent et qui accablent, des répliques qui démasquent un être.

Cet art tout théâtral de peindre par les paroles, Mauriac le pratique particulièrement pour camper les personnages de la comédie bourgeoise. Peinture féroce. Mauriac a pour son horrible empoisonneuse une évidente pitié, parce qu'il sait que cette misérable connaît sa misère; mais il dénonce sans faiblesse ceux qui, autour d'elle, affichent leur contentement de soi. Le « tout est bien qui finit bien » (p. 16) de l'avocat Duros, le « Je l'ai échappé belle » (p. 115) du docteur Pédemay, les peignent cruellement l'un et l'autre dans leur égoïsme et leur vanité : il s'agit moins pour eux de sauver ou de guérir, que d'obtenir la gloire d'une cure ou d'une cause, et d'éviter la concurrence d'un confrère de Bordeaux.

Ces mots où ils se découvrent si ingénument sont, on le remarquera, des expressions toutes faites; voilà sans doute pourquoi ils les emploient sans méfiance. Ils croient énoncer des vérités évidentes, traduire des sentiments communs; ils nous pensent complices ou convaincus, et s'étonneraient de ne pas nous voir partager leur point de vue. Aussi Bernard s'irrite-t-il de ce que Thérèse ne donne jamais les réponses désirées, les répliques attendues; au lieu de faire écho à son mari, il faut toujours que cette femme montre de l'esprit, fasse des phrases, invente des paradoxes : besoin de discuter, plaisir de couper les cheveux en quatre, de tout compliquer. Bernard, lui, est un simple : il s'en tient aux définitions établies, aux jugements péremptoires par lesquels les gens de son milieu ont une fois pour toutes décidé la différence du bien au mal, du sain au malsain. Il pense, il parle, par formules qu'il répète. « C'est la santé », aime-t-il à dire en comptant les gouttes de son médicament. C'est une maladie, par contre, d'être juif : les Azévédo ne sont-ils pas, « avec ça, tuberculeux; toutes les maladies... » (p. 42). Son opinion est celle de toutes les personnes de bon sens; aussi évalue-t-il avec assurance les choses, les êtres, les sentiments, à leur prix exact : prix d'un repas au restaurant : « Il ne faut pas leur en laisser : au prix que ça coûte, ce serait dommage », - d'un vin : « Pristi, ils ne le donnent pas », - ou d'une passion : s'éprendre, comme Anne du fils Azévédo, c'est, pour lui, « s'amouracher » (p. 56, 55, 49). Les mots de Bernard résument la pauvreté de son imagination, la sécheresse de son cœur, sa mesquinerie, son amour de soi et son mépris des autres; la médiocrité enfin de ses ambitions : « la famille » : peu de phrases de lui où ne figure ce mot clef qui renvoie à la seule valeur qu'il connaisse, la respectabilité bourgeoise.

Avec Madame de la Trave, nous parvenons à une sorte de virtuosité dans le maniement du cliché; ses propos constituent un recueil d'expressions stéréotypées, de lieux communs mis bout à bout. La banalité du langage atteint un comble et révèle la banalité totale d'un esprit uniquement occupé de petites malveillances, de petits calculs : « Le père pense mal, c'est entendu » disait-elle de Monsieur Larroque, avant le mariage; mais « il a le bras long. On a besoin de tout le monde » : n'est-il pas bon « d'avoir un pied dans les deux camps »? (p. 39, 32).

Mêmes proverbes, mêmes formules, même platitude, dans le langage de Monsieur de la Trave ou du fils Deguilhem : « On ne fait pas d'omelettes sans casser des œufs... elle nous remerciera un jour », dit l'un pour excuser sa sévérité envers Anne; « ces salons de campagne, il ne faut pas essayer de les chauffer » dit l'autre, attendant que Thérèse paraisse; ou encore : « Il y a toujours tant de choses à faire dans une maison » (p. 64, 160, 164). Et les beaux discours de Jean Azévédo lui-même ne sauraient faire longtemps illusion : ils offrent seulement une autre variété de clichés. Tous ces fantoches parlent un langage également impersonnel, et pourtant chacun a sa façon à lui de répéter des formules, qui traduit la nuance particulière de sa médiocrité. Madame de la Trave a le bavardage méchant, son mari cache mal sa faiblesse, Jean est affecté et prétentieux, et le fils Deguilhem terre à terre.

LA VIE PHYSIQUE

Ces personnages dont le portrait est surtout moral, et dont on imagine imparfaitement le corps, vivent pourtant d'une vie physique intense. Ils aiment, ils boivent, ils mangent, ou ne veulent plus manger; ils dorment, ou ne peuvent trouver le sommeil; ils souffrent. Il est notable que le malaise est chez eux un état plus fréquent que la santé.

Les récits qui, après *Thérèse Desqueyroux*, tenteront de saisir encore les images de cette destinée et d'en interroger le sens, nous peindront une femme usée par la vie, marquée par la maladie, une cardiaque guettant en elle les pas de la mort en marche. A la fin du roman déjà, au terme du moins de sa séquestration, Thérèse apparaît comme un organisme ruiné. Mais dès les premières pages, c'est un être épuisé que nous voyons chercher partout pour son corps un appui. L'épreuve qu'ont été pour elle les interrogatoires du juge d'instruction peut expliquer cette lassitude. Pourtant, avant son meurtre, dès son mariage, Thérèse semble n'avoir plus connu de bien-être. Le mariage a laissé sa chair insatisfaite, et révoltée. Une grossesse, presque aussitôt, a apporté tout son lot de malaises : dégoût de la nourriture, difficulté à marcher, torpeur continuelle.

Bernard lui-même, sous son apparence de robustesse, ne jouit pas d'une parfaite santé. Nous le voyons souvent dolent, plaintif, inquiet, comme si un mal le rongeait, minait sa force, menaçait sa vie. Il a alors besoin qu'on le rassure, ou qu'on le secoure. Il faut que la nuit il éveille sa femme, qu'il prenne un médicament. A Vilméja, non loin d'Argelouse, le fils Azévédo passe ses journées dans sa chaise longue : il s'en va, dit-on, de la poitrine. Le hameau compte encore d'autres malades, dont tante Clara s'occupe avec un inlassable dévouement, aussi longtemps qu'une crise de rhumatismes ne la cloue pas elle-même au lit. Nulle part, sauf en ces étés d'autrefois, ceux de l'adolescence de Thérèse, nous ne trouvons de santé allègre : l'âge ou la maladie fait en chacun son œuvre. Les seuls hommes de métier, dans ce roman, exception faite des gens de justice, ce sont les médecins, le pharmacien.

Le mal peut être moral; mais il comporte toujours des symptômes physiques : séparée de Jean Azévédo, Anne se laisse dépérir, ne mange plus; il faut lui redonner goût à la nourriture, la changer d'air. Son état exige des soins précis, une cure : « Tu te rappelles comme Salies lui avait fait du bien après cette rougeole compliquée de bronchite ? » (p. 66). Vaincue par le groupe familial qui l'a contrainte à renoncer à son amour, elle en reste comme diminuée dans sa jeunesse et sa beauté : « Elle avait perdu d'un coup sa fraîcheur » (p. 105).

Perdre l'appétit, dans cet univers de gros mangeurs, apparaît comme un signe particulièrement grave d'un désordre profond, la perte d'un instinct vital. Manger peut être une satisfaction - Thérèse elle-même sait apprécier un plat, savourer un vin; mais c'est avant tout l'acte capital qui assure la vie. Voué à la « rumination de la nourriture sacrée » (p. 70), le moment du repas a pour Bernard la solennité d'un rite. Aussi ne doit-on pas s'étonner du nombre de repas que Mauriac ici décrit ou suggère : repas réels ou rêvés, repas de famille ou dîner au restaurant, long festin de noces ou rapide déjeuner « sur le pouce »; il semble qu'on entende dans *Thérèse Desqueyroux* un perpétuel bruit de fourchettes.

Si le dégoût est signe morbide, inversement la nourriture constitue pour un malade le remède par excellence. La santé, c'est d'abord l'appétit. A Thérèse affaiblie et décharnée, Bernard va réapprendre à manger; il surveille son poids, l'oblige à marcher parce que l'« exercice est le meilleur apéritif » (p. 168), contrôle ce qu'elle mange avec la même attention minutieuse que lorsqu'elle était enceinte et qu'il la poussait à reprendre de la purée, ou lui interdisait le poisson.

Autre désordre, lui aussi révélateur d'une sorte de cataclysme intérieur : l'insomnie. Nombreux sont les personnages des romans de Mauriac qui dorment mal, et se sont fait tout un art - souvent vain - d'apprivoiser le sommeil. Tel Monsieur Jérôme Péloueyre, dans *Le Baiser au Lépreux*, imposant un silence absolu pendant le temps de sa sieste, dans l'espoir de trouver son repos. Tel Louis, héros de la nouvelle précisément intitulée *Insomnie*, toute la nuit livré aux tortures de la jalousie sans le répit d'un instant de sommeil. Thérèse et Bernard - Thérèse plus que Bernard - connaissent eux aussi ce malaise. Docile aux exigences de son corps, Bernard habituellement dort profondément, pesamment, jusqu'à ronfler. Il faut l'angoisse de la mort pour déranger son sommeil. Thérèse, plus naturellement anxieuse, reste plus fréquemment éveillée. Au cours de son voyage de noces, déjà, nous la voyons avaler un cachet : « Mais elle attendait trop le sommeil pour qu'il vînt » (p. 59); la présence à son côté du corps brûlant de son mari lui est une gêne insupportable. Insomnie encore quand une crise de Bernard l'a, en pleine nuit, réveillée en sursaut, et qu'elle ne parvient pas à se rendormir. Insomnies des nuits où Bernard est gravement en danger, insomnies du temps de l'instruction de son crime, insomnies pendant toute la durée de sa séquestration : « Combien d'heures demeurait-elle étendue, sans que la délivrât le sommeil ! » (p. 144).

Cette veille sans répit et sans but illustre, mieux encore que les autres malaises, l'inquiétude à laquelle, selon Mauriac, toute créature est livrée dès qu'elle s'arrache aux illusions de la santé et du bonheur, dès qu'elle reconnaît sa misère et sa mortalité. Cette inquiétude demande à être apaisée; nous attendons que l'oubli, ou le sommeil, - ou la mort, nous en délivre; faute d'un meilleur secours, un médicament fait l'affaire : un cachet de somnifère, quelques gouttes de valérianate dans un verre d'eau, - ou du chloroforme : une de ces drogues ambiguës qui cessent d'être salutaires pour devenir mortelles pour peu qu'on force la dose.

PAYSAGES ET DÉCORS

Pas plus de décor minutieusement dessiné, que de portraits des personnages. Les lieux où ils vivent restent imprécis. Nous pénétrons avec eux dans des maisons, nous entrons dans un salon, nous montons à l'étage des chambres, ou jusqu'au grenier; nous sommes avec Thérèse dans une salle de restaurant, dans une chambre d'hôtel; dans une calèche, dans un compartiment de chemin de fer, dans une carriole; nous nous promenons dans des champs, dans des bois, nous voyons passer des troupeaux. Mais nous ne connaîtrons pas le plan de ces maisons, ni la disposition de ces chambres, ni la composition de leur mobilier, ni leur décoration. Nous ne pourrions dessiner exactement l'attelage de Gardère, ou celui de Balion, ni le wagon du petit train. Mauriac ne décrit pas davantage la campagne landaise, pas même la forêt qui cerne Argelouse.

Ici encore, il ne peint pas, il suggère; il ne compose pas de vastes tableaux, mais esquisse de brèves images, note sans s'attarder quelques impressions, relève quelques détails un instant entrevus : ce qu'éclairent dans la nuit les lanternes d'une voiture en marche, ou une lampe devant une gare : des « talus, une frange de fougères, la base des pins géants », ou un « mur crépi... une carriole arrêtée » (p. 18, 22); ce que l'on sent, sans le voir : des chrysanthèmes dans un jardin ténébreux. C'est encore la rumeur qui monte d'une rue parisienne, le grondement des autobus entendu par la fenêtre ouverte; le papier de tenture (mais quels en sont le dessin, la couleur ?) que la moisissure détache des murs d'une chambre; un canapé de reps rouge dans un salon obscur. De quelques promenades, nous rapportons des souvenirs plus précis, mais eux aussi fragmentaires : le vert acide des nouvelles crosses de fougères, perçant au printemps les feuillages secs qui jonchent le sol; la fraîcheur des eaux de source pendant l'été brûlant; à l'automne, les fumées des herbes brûlées, et dans le champ d'Argelouse, les tiges coupées du seigle, qui blessent les pieds; les troupeaux de brebis courant sous les chênes, ou coulant par la brèche d'un talus, « comme du lait sale » (p. 90); leur piétinement, le bruit des cloches et les cris des bergers. Du voyage de Thérèse retenons aussi les mugissements et les bêlements qui viennent d'un train garé dans la nuit, ou ce rapide croquis de deux métayères qui, dans une salle d'attente, tricotent « assises, un panier sur les genoux et branlant la tête » (p. 23).

Peu de formes précises, ou même de couleurs. Des mouvements plutôt, des bruits, et des sensations tactiles : de chaleur, de froid, de contact; et surtout des odeurs : de marécage, de résine, de fumée, de menthe, de brume, de cuir, de fleurs ou de tabac.

De ces impressions fugitives, mais puissantes dans leur brièveté, naît peu à peu une sensation d'étrange présence. Ces maisons, ces champs et ces forêts qui semblent s'effacer dans l'obscurité, la brume ou le poudroiement de la lumière, s'imposent pourtant à notre imagination. Au parfum de la résine, nous devinons dans la nuit la masse des pins. Dans le silence d'Argelouse, l'aboi d'un chien, une cloche qui sonne, le cri d'un oiseau, restituent la vie. Le monde est là autour, tout proche, qui sollicite tous les sens.

Et ce monde n'est pas un simple décor devant lequel se détacheraient les personnages. Il est au contraire tout lié à eux, de mille liens charnels, et d'autres aussi, plus subtils et plus mystérieux qui forment entre lui et eux un fin réseau de correspondances.

ANIMALITÉ DE L'HOMME ET HUMANITÉ DU MONDE

« J'ai été créée, pense Thérèse, à l'image de ce pays aride et où rien n'est vivant, hors les oiseaux qui passent, les sangliers nomades » (p. 124). Son âme reflète un paysage, et réciproquement, la nature autour d'elle est à son image, comme une projection agrandie des régions mystérieuses de son âme, avec leurs routes et leurs sentiers, leurs forêts silencieuses ou plaintives, et l'appel parfois des bêtes qui s'y cachent; avec leurs saisons brûlantes aussi et leurs orages. Le spectacle de la nature nous renvoie à celui de l'humanité, et la vie secrète des hommes apparaît en accord profond avec la vie des plantes ou des animaux. Au saut du lit, Bernard file « comme un chien à la cuisine »; Jean montre la « gueule d'un jeune chien qui a chaud »; Clara est semblable à un « vieux chien contre le lit de son maître qui agonise », Thérèse à une « bête tapie qui entend se rapprocher la meute », ou à « une guêpe sombre » qui va de la lumière à l'ombre; dans la chambre où dort Marie, la bonne « ronfle comme une bête grogne » (p. 76, 85, 133, 117, 69, 138). *Thérèse Desqueyroux* nous propose ainsi tout un bestiaire, qui nous rappelle d'abord que le comportement de l'homme, dans l'assouvissement de ses besoins, qu'il s'agisse de dormir, de manger, de se cacher ou d'attaquer, ou de se dévouer, reste profondément animal, commandé par des instincts primitifs et violents. Mais ce bestiaire est plus particulièrement celui des animaux chassés, traqués ou pris, parqués, enfermés; des bêtes sauvages et nomades, des bêtes rétives qui refusent le dressage, qui ruent dans les brancards. Il dit l'inquiétude des existences menacées, poursuivies, asservies, révoltées. La loi cruelle de la nature pèse également sur le monde végétal : l'ardeur du soleil grille les fleurs, dessèche les prairies; sous le vent qui tourmente les cimes, la forêt gémit, elle qui même « par les temps les plus calmes,... se plaint comme on pleure sur soi-même » (p. 170).

Les mêmes instincts, une même inquiétude, semblent rapprocher les bêtes, les plantes et les hommes. Mais les êtres que peint Mauriac ont encore partie liée avec les grandes forces naturelles, celles du soleil, du feu, du vent, de la pluie; leur vie est mêlée à la vie puissante et terrible des éléments, les torpeurs et les fureurs de leur âme imitent les sommeils et les déchaînements de la nature.

La vie de Thérèse est ainsi dominée par l'alternance de l'ombre et de la lumière, par le passage du jour à la nuit. Depuis les étés radieux d'Argelouse, étés de son adolescence, il semble qu'elle s'enfonce dans les ténèbres. C'est au crépuscule que nous la rencontrons pour la première fois; c'est en pleine nuit que, quelques heures plus tard, elle voit deux ombres s'avancer à sa rencontre sur la route de Saint-Clair : tante Clara et Bernard. Les lanternes, les falots, les lumignons, s'efforcent de reculer le cercle de ténèbres, de même que Thérèse, penchée sur sa nuit intérieure, tente d'éclairer les chemins de son cœur.

La vie de Thérèse s'accorde au rythme des saisons. C'est au printemps qu'elle se fiance; dans la pleine chaleur de l'été qu'elle se marie; dans les journées brûlantes d'un autre été, tandis que le feu ravage des hectares de forêt, qu'elle s'abandonne au vertige du crime; en décembre enfin que son entreprise meurtrière, patiemment poursuivie jusque-là, prend fin. L'année suivante, dans ce même temps qui va de l'automne à l'hiver, Thérèse à son tour est lentement ruinée, empoisonnée par ses rêves, mourant de solitude et de silence; en décembre à nouveau, la lente et méthodique entreprise d'anéantissement qui devait la détruire s'interrompt elle aussi. Au moment où, l'année précédente, Bernard revenait à la vie, l'agonie de Thérèse cesse et commence sa convalescence; de l'hiver au printemps la voici qui renaît, retrouve ses forces et des raisons de vivre.

Mauriac nous renvoie sans cesse des changements du climat aux remous de l'âme, et des crises de l'âme aux convulsions ou à l'acharnement lent des forces naturelles déchaînées :

feu dévastateur des forêts, pluie diluvienne. L'âme, quand elle est à la torture, appelle la fin du monde : Thérèse est dans l'attente d'un tremblement de terre, rêve d'un incendie qui embraserait les pinèdes et les bourgs, imagine une sécheresse éternelle : « Il ne pleuvrait jamais plus », ou une pluie sans fin : « Comment imaginer qu'il puisse un jour ne plus pleuvoir ? Il pleuvra jusqu'à la fin du monde » (p. 11, 150). Il est des moments où elle voudrait unir sa violence à celle de la nature, pour que le feu fasse rage, pour que s'élève, obscurcissant l'aube, salissant la lumière du jour, une immense fumée. Pourtant, aux soirs heureux des étés d'autrefois, Thérèse voyait avec horreur Anne, de son calibre 24, « viser le soleil comme pour l'éteindre » (p. 36). Jeune être « radieux », Thérèse, lumineuse elle-même, s'accordait alors à la lumière du ciel. Mais, déjà il y a en cette lumière une pureté impitoyable. Le bel été est déjà un « été implacable » (p. 34) dont ronfle la fournaise dans le crépitement d'étincelles des cigales. Au plein du jour, « le feu du ciel assiège les hommes » (p. 35), les contraint à se replier, à chercher le refuge des salons ténébreux, l'abri obscur des cabanes. Seule la passion irritée d'Anne peut soutenir au-dehors, à découvert, la violence du soleil. Véritable fournaise d'où coule le métal fondu de la lumière, la campagne landaise se révèle alors comme un enfer qui calcine et dessèche les âmes. Aujourd'hui, Thérèse montre une « face de brûlée vive »; « de son temps d'Argelouse, elle gardait une figure comme rongée » (p. 19, 183).

UN UNIVERS DE VIOLENCE

Brûlée vive, comme une sorcière, dans les feux d'une inquisition qui s'entend à ramener à l'ordre, ou à détruire : le climat torride d'un pays renvoie à l'atmosphère suffocante d'un milieu social. Le jour où Thérèse est entrée dans cette famille, - « au plus épais d'une famille » -, elle était « pareille à un feu sournois qui rampe sous la brande » (p. 43). Son étrange vocation était d'enflammer. Mais elle a été à temps piétinée, mise hors d'état de nuire. Quand elle est revenue à Argelouse, après le non-lieu, en son cœur peut-être, comme en l'âtre, « des tisons vivaient encore sous la cendre » (p. 135). Mais que reste-t-il de vivant en elle au terme de sa séquestration, de sa presque parfaite suppression? Brûlée vive, rongée de solitude comme d'un acide, asphyxiée, broyée par le mécanisme familial, noyée enfin dans la foule : cette damnée est promise à toutes les formes de violence. A Paris, au bord du « fleuve de boue et de corps pressés » où Bernard va l'immerger avant de prendre la fuite, Thérèse sait l'instant venu de se débattre ou de se laisser enliser (p. 174).

Une lutte à mort, où qui n'a pu tuer sera tué, où il n'est pas de pitié pour l'adversaire qui faiblit, a opposé de toutes leurs forces Thérèse et ce groupe familial où elle s'est glissée; mais le combat n'engage pas les seuls protagonistes; le cercle de haine et de volonté meurtrière est assez large pour inclure tous les êtres que le romancier anime les uns contre les autres; ainsi les Balion, dont la vindicative négligence laisserait sans doute Thérèse mourir sans secours, ou Jean Azévédo, qui froidement laisse Anne souffrir; et dans les métairies il y a d'autres victimes, que visite tante Clara : « vieillards réduits à mourir de faim, condamnés au travail jusqu'à la mort, infirmes abandonnés, femmes asservies à d'exténuantes besognes » (p. 82). De cette méchanceté générale, les chiens eux-mêmes, de garde ou de chasse, dressés à donner l'alarme ou à traquer le gibier, ont leur part.

L'univers de ce roman est un univers de violence et de contrainte; un univers de chasseurs et de chassés, occupés à tendre leurs filets et à guetter leur proie, ou à éviter le piège, à se tapir pour survivre : la moindre imprudence coûte la vie, ou la liberté; voici l'enclos où l'on enferme les biches, le sac où les palombes sont jetées; la cage de la famille, la Cour d'Assises. Bernard avant tout est un chasseur, son activité, ses goûts, ses plaisirs, sont liés à la chasse. Anne aime à tirer les alouettes au crépuscule; et tante Clara elle-même, autrefois, a guetté les palombes. Par là encore différente des autres, Thérèse est seule à détester la chasse : sa place est parmi les victimes. Au cœur de son pays, cette palombière abandonnée, aujourd'hui rendez-vous des amis ou des amoureux, a été longtemps le lieu d'un guet-apens; sur le banc maintenant pourri, un chasseur s'est assis pour son attente patiente, après avoir tendu le piège de ses appeaux. Et le cœur de l'année, le moment plus préparé qu'une fête religieuse, vers quoi convergent les espoirs des chasseurs, est celui où passent, entre les cimes des pins, les premiers vols de palombes.

Attente des chasseurs guettant amoureusement les vols de palombes, attente d'un peu de fraîcheur dans les journées torrides, attente du sommeil pour ceux que l'insomnie condamne à veiller, attente d'une délivrance pour ceux que tenaille la souffrance ou l'angoisse, attente d'une rencontre pour les solitaires, ou d'une parole, d'un geste, qui apaisent et réconfortent : *Thérèse Desqueyroux* est un roman de l'attente parce qu'il est un roman de l'insatisfaction.

Attente de Dieu. La mesquinerie ou l'horreur des actes et des pensées, l'étroitesse de la vie et ses souffrances, par une sorte de logique paradoxale rendent nécessaire et d'une certaine façon manifestent un infini de pureté, de beauté, d'amour et de paix, qui seul peut combler cette attente. Les pins que tourmente le vent venu de l'Océan élèvent leur plainte comme une prière, à quoi fait écho, au plus profond des cœurs, l'appel informulé des hommes.

Annexes

▶ Le cycle « Thérèse Desqueyroux »

« Plusieurs qui n'ont pas oublié Thérèse Desqueyroux m'interrogent souvent sur sa vie, depuis la seconde où je l'abandonne au seuil d'un restaurant de la rue Royale, jusqu'à sa dernière maladie dans *la Fin de la Nuit.* Un chapitre de *Ce qui était perdu* nous permet de l'entrevoir, une nuit, sur un banc des Champs-Elysées; puis nous perdons sa trace.

Les deux premières nouvelles de ce recueil : *Thérèse chez le docteur* et *Thérèse à l'hôtel*, écrites en 1933, représentent deux tentatives de « plongée » dans les périodes obscures de ce destin. »

(*Plongées*, 1938, Avant-propos).

Conscience, instinct divin (1927).

« Le premier jet de Thérèse Desqueyroux, conçue d'abord comme une chrétienne, dont la confession écrite eût été adressée à un prêtre. » Ce premier jet n'est qu'une ébauche de quelques pages.

Ce qui était perdu (1930).

Chapitre IX : Alain, dix-neuf ans, traversant de nuit les jardins des Champs-Elysées, entend une femme gémir : s'approchant, il propose son aide. L'inconnue lui demande d'aller chercher un taxi, explique qu'elle « souffre de quelqu'un », ébauche une confidence, donne son adresse et son nom : Thérèse Desqueyroux.

Thérèse chez le docteur (1933).

Thérèse se rend chez un psychiatre qu'elle a connu dans une bande d'amis, lui raconte la fin de sa liaison avec Azévédo, et lui demande de la sauver de son nouvel amant, qui la pousse au crime. Le docteur se croyant menacé appelle au secours, et Thérèse sort.

Thérèse à l'hôtel (1933).

31 août 1933, au Cap-Ferrat. Thérèse remarquant à une table voisine un jeune homme qui l'observe, se croit aimée de lui. Mais une conversation qu'elle provoque lui révèle que cet adolescent grave ne l'a regardée que pour lire en elle le drame de sa vie, et qu'il ne l'aime que de charité.

La Fin de la Nuit (1935).

Thérèse a quarante-cinq ans. L'arrivée inattendue de sa fille Marie, venue chercher secours à Paris auprès d'elle, va livrer à nouveau Thérèse à la tentation : désireuse de favoriser l'amour de Marie pour Georges Filhot, elle rencontre le jeune homme, et éveille alors chez lui une curiosité qu'elle se plaît à transformer bientôt en une étonnante passion. Sombrant peu à peu dans le délire de la persécution, elle est ramenée par Marie à Saint-Clair, où elle meurt.

« Thérèse Desqueyroux » à l'écran ◀

Thérèse Desqueyroux, film de Georges Franju, 1962. Scénario de Georges Franju, François Mauriac et Claude Mauriac. Principaux interprètes : Emmanuèle Riva (Thérèse) et Philippe Noiret (Bernard).

« Une excellente adaptation de *Thérèse Desqueyroux* » (Georges Sadoul, *Dictionnaire des Cinéastes*, éd. du Seuil, 1965).

« La fidélité au sens profond du roman est d'une justesse parfaite, l'interprétation par Emmanuèle Riva du rôle de Thérèse est excellente, les Landes sont merveilleusement présentes par l'image » (J.-M. Pény, *Thérèse Desqueyroux*, Livre de Poche Université).

▶ Bibliographie sommaire

Bibliographie très complète jusqu'à 1960 :

KEITH GŒSCH, *François Mauriac, Essai de bibliographie chronologique*, 1908-1960, Préface de François Mauriac, Nizet, 1965.

Quelques essais ou articles concernant Mauriac romancier :

FRANÇOIS MAURIAC, *Le Romancier et ses personnages*, précédé d'une étude d'Edmond Jaloux : François Mauriac romancier, Paris, Corrêa, 1933.

CHARLES DU BOS, *François Mauriac et le problème du romancier catholique*, Paris, Corrêa, 1933.

La Revue du Siècle, n° 4, juillet-août 1933 : *Hommage à François Mauriac.*

JEAN-PAUL SARTRE, *François Mauriac et la liberté*, N.R.F. 1-2-1939.

NELLY CORMEAU, *L'Art de François Mauriac*, préface de François Mauriac, Grasset, 1951.

JACQUES ROBICHON, *François Mauriac*, éd. Universitaires, Paris-Bruxelles, 1953.

PIERRE-HENRI SIMON, *Mauriac par lui-même*, éd. du Seuil, Paris, 1953.

La Table ronde, janvier 1953, *François Mauriac Prix Nobel.*

BERNARD ROUSSEL, *Mauriac, le péché et la grâce*, éd. du Centurion, Paris, 1964.

ANDRÉ SÉAILLES, *Mauriac*, éd. Bordas (Présence littéraire, n° 814), Paris, 1972.

Pages choisies :

François Mauriac, Pages choisies par Roger Pons. Classiques illustrés Vaubourdolle, Hachette, 1955.

François Mauriac, étude et choix de textes par Marc Alyn, Poètes d'aujourd'hui, Seghers, 1960.

François Mauriac, Le Mystère Frontenac, avec notices et notes par Georges Lerminier, Classiques Larousse, 1961.

Édition annotée :

On utilisera avec profit :

FRANÇOIS MAURIAC, *Thérèse Desqueyroux*, texte complet avec étude et notes de Jean-Marie Pény, Livre de Poche Université, 1965.

Quelques jugements sur « Thérèse Desqueyroux »

« ...nous sentons que tel personnage, que telle femme d'un de nos livres, occupent encore quelques lecteurs, comme s'ils espéraient que ces êtres imaginaires les pussent éclairer sur eux-mêmes et leur livrer le mot de leur propre énigme. En général, ces personnages, plus vivants que leurs camarades, sont de contour moins défini. La part du mystère, de l'incertain, du possible est plus grande en eux que dans les autres. Pourquoi Thérèse Desqueyroux a-t-elle voulu empoisonner son mari? Ce point d'interrogation a beaucoup fait pour retenir au milieu de nous son ombre douloureuse... Ces personnages ne sont pas soutenus par leur propre vie : ce sont nos lecteurs, c'est l'inquiétude des cœurs vivants qui pénètre et gonfle ces fantômes...

... la vérité est que j'aime mes plus tristes personnages et que je les aime d'autant plus qu'ils sont misérables, comme la préférence d'une mère va d'instinct à l'enfant le plus déshérité. Le héros du *Nœud de Vipères* ou l'empoisonneuse Thérèse Desqueyroux, aussi horribles qu'ils paraissent, sont dépourvus de la seule chose que je haïsse au monde et que j'ai peine à supporter dans une créature humaine, et qui est la complaisance et la satisfaction. Ils ne sont pas contents d'eux-mêmes, ils connaissent leur misère. »

FRANÇOIS MAURIAC, *Le Romancier et ses personnages*, 1933.

« Bien des pages de *Thérèse Desqueyroux* évoquent les méthodes de la psychanalyse... La conscience pesante, les sourdes voix charnelles, on ne sait quelle lie montée d'instincts inavoués, l'affolement presque physique d'un cœur inemployé : voilà ce qu'apporte l'inconscient des créatures dont la plus impressionnante restera Thérèse Desqueyroux, cette mal-née. Un pouvoir occulte et conseiller de crime la caresse et la terrifie à la fois; elle le redoute en l'admirant, elle lui rend malgré elle sa caresse. »

HENRI CLOUARD, *Histoire de la littérature française*, du Symbolisme à nos jours, t. 2, p. 275, Albin Michel, 1949.

« Mauriac a écrit du *Père Goriot* qu'il constituait le vrai rond-point de l'œuvre balzacienne... On pourrait en dire autant de *Thérèse Desqueyroux*; les avenues de l'œuvre mauriacienne s'y rejoignent et il n'est guère de caractère qui ne converge vers ce caractère essentiel, clé de voûte de toute une œuvre, rendez-vous des affinités éparses de toute une création. Et Thérèse même, l'empoisonneuse, mère indifférente, épouse avide et désenchantée, apparaît bien comme le Vautrin de ces Galigaï, de ces Landin, de ces Virelade, dominant de sa terrible silhouette cette humanité déshéritée... Hommes et femmes, ils relèvent d'elle, l'ange noir aux ongles brûlés par le tabac dans sa captivité d'Argelouse, Thérèse, créature adulte - sans faille et la plus pathétique - de la tragédie mauriacienne. »

JACQUES ROBICHON, *François Mauriac*, éd. Universitaires, 1953.

▶ Quelques sujets d'essais ou d'exposés

- Permanence et métamorphoses de Thérèse dans les romans et nouvelles où elle apparaît.
- Les personnages de condition modeste dans *Thérèse Desqueyroux* : les Balion, Gardère, les métayers, les bergers.
- Mauriac et Racine : Thérèse et Phèdre.
- Mauriac et Flaubert : Thérèse Desqueyroux et Madame Bovary.
- Comparaison entre *L'Etranger* de Camus et *Thérèse Desqueyroux* : le meurtre de Thérèse et celui de Meursault; Thérèse et Meursault devant la justice; Thérèse et Meursault : deux étrangers.
- Le caractère des personnages révélé par leur langage : le style d'Anne, de Madame de la Trave, du fils Deguilhem, de Bernard.
- La poésie de la nature dans *Thérèse Desqueyroux*.
- Le choix de la citation liminaire (Baudelaire, *Petits Poèmes en prose*, *Mademoiselle Bistouri*) : p. 5, et le souvenir de Rimbaud (le « désert de bitume » de *Métropolitain*, *Illuminations*) : p. 61 ; qu'ont-ils de significatif ? (Pour d'autres rapprochements, voir par exemple *Le Mystère Frontenac*, citation liminaire de la deuxième partie, ou *L'Agneau*, début du chapitre XIII, et Rimbaud, *Illuminations*, *Enfance* IV).

Imprimé en France par FIRMIN-DIDOT S.A.
Dépôt légal : 1er trimestre 1975
No d'édition : 2922 — No d'impression : 6670